蘇州全書

甲編

《蘇州全書》編纂出版委員會 編

·裒谷子商隲武經七書

蘇州大學出版社
古吳軒出版社

圖書在版編目(CIP)數據

裒谷子商隲武經七書 / (明) 孫履恒撰 . -- 蘇州 :
蘇州大學出版社 : 古吳軒出版社 , 2023.11
(蘇州全書)
ISBN 978-7-5672-4543-3

Ⅰ. ①裒… Ⅱ. ①孫… Ⅲ. ①兵法-中國-古代
Ⅳ. ① E892.2

中國國家版本館 CIP 數據核字(2023)第 170756 號

責任編輯 劉 冉
裝幀設計 周 晨 李 璇
責任校對 汝碩碩

書　　名 裒谷子商隲武經七書
撰　　者 〔明〕孫履恒
出版發行 蘇州大學出版社
地址：蘇州市十梓街1號 電話：0512-67480030
古吳軒出版社
地址：蘇州市八達街118號蘇州新聞大廈30F 電話：0512-65233679
印　　刷 常州市金壇古籍印刷廠有限公司
開　　本 889 × 1194 1/16
印　　張 65
版　　次 2023 年 11 月第 1 版
印　　次 2023 年 11 月第 1 次印刷
書　　號 ISBN 978-7-5672-4543-3
定　　價 460.00 元(全二册)

《蘇州全書》編纂工程

總主編

劉小濤　吳慶文

學術顧問（按姓名筆畫爲序）

王　芳　王　宏　王　堯　王　鍔　王紅蕾　王華寶　王爲松　王衛平
王餘光　王鍾陵　朱棟霖　朱誠如　任　平　全　勤　江慶柏　江澄波
汝　信　阮儀三　杜澤遜　李　捷　吳　格　吳永發　何建明　言恭達
沈坤榮　沈燮元　武秀成　范小青　范金民　茅家琦　周　秦　周少川
周國林　周勛初　周新國　胡可先　胡曉明　姜　濤　姜小青　韋　力
姚伯岳　馬亞中　袁行霈　華人德　莫礪鋒　徐　俊　徐　海　徐　雁
徐惠泉　徐興無　唐力行　陸振嶽　陸儉明　陳子善　陳正宏　陳尚君
陳紅彥　陳廣宏　黃愛平　黃顯功　崔之清　張乃格　張志清　張伯偉
張海鵬　葉繼元　葛劍雄　單霽翔　程章燦　程毅中　喬治忠　鄔書林
賀雲翱　詹福瑞　趙生群　廖可斌　熊月之　樊和平　劉　石　劉躍進
閻曉宏　錢小萍　戴　逸　韓天衡　嚴佐之　顧　薌

《蘇州全書》編纂出版委員會

主　任

金　潔　查穎冬

副主任

黄錫明　張建雄　王國平　羅時進

編　委（按姓名筆畫爲序）

丁成明　王　煒　王　寧　王忠良　王偉林　王稼句　王樂飛　尤建豐
卞浩宇　田芝健　朱　江　朱光磊　朱從兵　李　忠　李　軍　李　峰
李志軍　吳建華　吳恩培　余同元　沈　鳴　沈慧瑛　周生杰　查　焱
洪　曄　袁小良　徐紅霞　卿朝暉　高　峰　凌郁之　陳　潔　陳大亮
陳其弟　陳衛兵　陳興昌　孫　寬　孫中旺　黄啟兵　黄鴻山　接　曄
曹　煒　曹培根　張蓓蓓　程水龍　湯哲聲　蔡曉榮　臧知非　管傲新
齊向英　歐陽八四　潘志嘉　錢萬里　戴　丹　謝曉婷　鐵愛花

前言

中華文明源遠流長，文獻典籍浩如烟海。這些世代累積傳承的文獻典籍，是中華民族生生不息的文脉和根基。蘇州作爲首批國家歷史文化名城，素有『人間天堂』之美譽。自古以來，這裏的人民憑藉勤勞和才智，創造了極爲豐厚的物質財富和精神文化財富，使蘇州不僅成爲令人嚮往的『魚米之鄉』，更是實至名歸的『文獻之邦』，爲中華文明的傳承和發展作出了重要貢獻。

蘇州被稱爲『文獻之邦』由來已久，早在南宋時期，就有『吴門文獻之邦』的記載。宋代朱熹云：『文，典籍也；獻，賢也。』蘇州文獻之邦的地位，是歷代先賢積學修養、劬勤著述的結果。明人歸有光《送王汝康會試序》云：『吴爲人材淵藪，文字之盛，甲於天下。』朱希周《長洲縣重修儒學記》亦云：『吴中素稱文獻之邦，蓋子游之遺風在焉，士之嚮學，固其所也。』《江蘇藝文志·蘇州卷》收録自先秦至民國蘇州作者一萬餘人，著述達三萬二千餘種，均占江蘇全省三分之一强。古往今來，蘇州曾引來無數文人墨客駐足流連，留下了大量與蘇州相關的文獻。時至今日，蘇州仍有約百萬册的古籍留存，入選『國家珍貴古籍名録』的善本已達三百一十九種，位居全國同類城市前列。其中的蘇州鄉邦文獻，歷宋元明清，涵經史子集，寫本刻本，交相輝映。此外，散見於海内外公私藏家的蘇州文獻更是不可勝數。它們載録了數千年傳統文化的精華，也見證了蘇州曾經作爲中國文化中心城市的輝煌。

蘇州文獻之盛得益於崇文重教的社會風尚。春秋時代，常熟人言偃就北上問學，成爲孔子唯一的南方弟子。歸來之後，言偃講學授道，文開吴會，道啓東南，被後人尊爲『南方夫子』。西漢時期，蘇州人朱買臣負薪讀書，穹窿山中至今留有其『讀書臺』遺迹。兩晉六朝，以『顧陸朱張』爲代表的吳郡四姓涌現出大批文士，在不少學科領域都貢獻卓著。及至隋唐，蘇州大儒輩出，《隋書·儒林傳》十四人入傳，其中籍貫吳郡者二人；《舊唐書·儒學傳》三十四人入正傳，其中籍貫吳郡（蘇州）者五人。文風之盛可見一斑。北宋時期，范仲淹在家鄉蘇州首創州學，並延名師胡瑗等人教授生徒，此後縣學、書院、社學、義學等不斷興建，蘇州文化教育日益發展。故明人徐有貞云：『論者謂吾蘇也，郡甲天下之郡，學甲天下之學，人才甲天下之人才，偉哉！』在科舉考試方面，蘇州以鼎甲萃集爲世人矚目，清初汪琬曾自豪地將狀元稱爲蘇州的土産之一，有清一代蘇州狀元多達二十六位，占全國的近四分之一，由此而被譽爲『狀元之鄉』。近現代以來，蘇州在全國較早開辦新學，發展現代教育，涌現出顧頡剛、葉聖陶、費孝通等一批大師巨匠。中華人民共和國成立後，社會主義文化教育事業蓬勃發展，蘇州英才輩出、人文昌盛，文獻著述之富更勝於前。

蘇州文獻之盛受益於藏書文化的發達。蘇州藏書之風舉世聞名，千百年來盛行不衰，具有傳承歷史長、收藏品質高、學術貢獻大的特點，無論是卷帙浩繁的圖書還是各具特色的藏書樓，以及延綿不絶的藏書傳統，都成爲中華文化重要的組成部分。據統計，蘇州歷代藏書家的總數，高居全國城市之首。南朝時期，蘇州就出現了藏書家陸澄，藏書多達萬餘卷。明清兩代，蘇州藏書鼎盛，絳雲樓、汲古閣、傳是樓、百宋一廛、藝芸書舍、鐵琴銅劍樓、過雲樓等藏書樓譽滿海内外，彙聚了大量的珍貴文獻，對古代典籍的收藏保護厥功至偉，亦於文獻校勘、整理裨益甚巨。《舊唐書》自宋至明四百多年間已難以考覓，直至明嘉靖十七年（一五三八），聞人詮在蘇州爲官，搜討舊籍，方從吳縣王延喆家得《舊唐書》『紀』和『志』部分，從長洲張汴家得《舊唐書》『列傳』部分，『遺籍俱出宋時模板，旬月之間，二美璧合』，于是在蘇州府學中槧刊，《舊唐書》自此得以彙而成帙，復行於世。清代嘉道年間，蘇州黃丕烈和顧廣圻均爲當時藏書名家，且善校書，『黃跋顧校』在中國文獻史上影響深遠。

蘇州文獻之盛也獲益於刻書業的繁榮。蘇州是我國刻書業的發祥地之一，早在宋代，蘇州的刻書業已經發展到了相當高的水平，至今流傳的杜甫、李白、韋應物等文學大家的詩文集均以宋代蘇州官刻本爲祖本。宋元之際，蘇州磧砂延聖院還主持刊刻了中國佛教史上著名的《磧砂藏》。明清時期，蘇州成爲全國的刻書中心，所刻典籍以精善享譽四海，明人胡應麟有言：『凡刻之地有三，吴也、越也、閩也。』他認爲『其精，吴爲最』，『其直重，吴爲最』。又云：『余所見當今刻本，蘇常爲上，金陵次之，杭又次之。』清人金埴論及刻書，仍以胡氏所言三地爲主，則謂『吴門爲上，西泠次之，白門爲下』。明代私家刻書最多的汲古閣、清代坊間刻書最多的掃葉山房均爲蘇州人創辦，晚清時期頗有影響的江蘇官書局也設於蘇州。據清人朱彝尊記述，汲古閣主人毛晉『力搜秘册，經史而外，百家九流，下至傳奇小説，廣爲鏤版，由是毛氏鋟本走天下』。由於書坊衆多，蘇州還産生了書坊業的行會組織崇德公所。明清時期，蘇州刻書數量龐大，品質最優，裝幀最爲精良，爲世所公認，國内其他地區不少刊本也都冠以『姑蘇原本』，其傳播遠及海外。

蘇州傳世文獻既積澱着深厚的歷史文化底蘊，又具有穿越時空的永恒魅力。從范仲淹的『先天下之憂而憂，後天下之樂而樂』，到顧炎武的『天下興亡，匹夫有責』，這種胸懷天下的家國情懷，早已成爲中華民族精神的重要組成部分，傳世留芳，激勵後人。南朝顧野王的《玉篇》，隋唐陸德明的《經典釋文》、陸淳的《春秋集傳纂例》等均以實證明辨著稱，對後世影響深遠。明清時期，馮夢龍的《喻世明言》《警世通言》《醒世恒言》，在中國文學史上掀起市民文學的熱潮，具有開創之功。吴有性的《温疫論》、葉桂的《温熱論》，開温病學研究之先河。蘇州文獻中蘊含的求真求實的嚴謹學風、勇開風氣之先的創新精神，已經成爲一種文化基因，融入了蘇州城市的血脉。不少蘇州文獻仍具有鮮明的現實意義。明代費信的《星槎勝覽》，是記載歷史上中國和海上絲綢之路相關國家交往的重要文獻。鄭若曾的《籌海圖編》和徐葆光的《中山傳信録》，爲釣魚島及其附屬島嶼屬於中國固有領土提供了有力證據。魏良輔的《南詞引正》、嚴澂的《松絃館琴譜》、計成的《園冶》，分别是崑曲、古琴及園林營造的標志性成果，這些藝術形式如今得以名列世界文化遺産，與上述名著的嘉惠滋養密不可分。

維桑與梓，必恭敬止；文獻流傳，後生之責。蘇州先賢向有重視鄉邦文獻整理保護的傳統。方志編修方面，范成大《吴郡志》爲方志創體，其後名志迭出，蘇州府縣志、鄉鎮志、山水志、寺觀志、人物志等數量龐大，構成相對完備的志書系統。地方總集方面，南宋鄭虎臣輯《吴都文粹》、明錢穀輯《吴都文粹續集》、清顧沅輯《吴郡文編》先後相繼，收羅宏富，皇皇可觀。常熟、太倉、崑山、吴江諸邑，周莊、支塘、木瀆、甪直、沙溪、平望、盛澤等鎮，均有地方總集之編。及至近現代，丁祖蔭彙輯《虞山叢刻》《虞陽説苑》，柳亞子等組織『吴江文獻保存會』，爲搜集鄉邦文獻不遺餘力。江蘇省立蘇州圖書館於一九三七年二月舉行的『吴中文獻展覽會』規模空前，展品達四千多件，並彙編出版吴中文獻叢書。然而，由於時代滄桑，圖書保藏不易，蘇州鄉邦文獻中『有目無書』者不在少數。同時，囿於多重因素，蘇州尚未開展過整體性、系統性的文獻整理編纂工作，許多文獻典籍仍處於塵封或散落狀態，没有得到應有的保護與利用，不免令人引以爲憾。

進入新時代，黨和國家大力推動中華優秀傳統文化的創造性轉化和創新性發展。習近平總書記强調，要讓收藏在博物館裏的文物、陳列在廣闊大地上的遺産、書寫在古籍裏的文字都活起來。二〇二一年四月，中共中央辦公廳、國務院辦公廳印發《關於推進新時代古籍工作的意見》，確定了新時代古籍工作的目標方向和主要任務，其中明確要求『加强傳世文獻系統性整理出版』。盛世修典，賡續文脉，蘇州文獻典籍整理編纂正逢其時。二〇二二年七月，中共蘇州市委、蘇州市人民政府作出編纂《蘇州全書》的重大决策，擬通過持續不斷努力，全面系統整理蘇州傳世典籍，着力開拓研究江南歷史文化，編纂出版大型文獻叢書，同步建設全文數據庫及共享平臺，將其打造爲彰顯蘇州優秀傳統文化精神的新陣地，傳承蘇州文明的新標識，展示蘇州形象的新窗口。

『睹喬木而思故家，考文獻而愛舊邦。』編纂出版《蘇州全書》，是蘇州前所未有的大規模文獻整理工程，是不負先賢、澤惠後世的文化盛事。希望藉此系統保存蘇州歷史記憶，讓散落在海内外的蘇州文獻得到挖掘利用，讓珍稀典籍化身千百，成爲認識和瞭解蘇州發展變遷的津梁，並使其中藴含的積極精神得到傳承弘揚。

觀照歷史，明鑒未來。我們沿着來自歷史的川流，承荷各方的期待，自應負起使命，砥礪前行，至誠奉獻，讓文化薪火代代相傳，並在守正創新中發揚光大，爲推進文化自信自强、豐富中國式現代化文化内涵貢獻蘇州力量。

《蘇州全書》編纂出版委員會

二〇二二年十二月

凡例

一、《蘇州全書》(以下簡稱『全書』)旨在全面系統收集整理和保護利用蘇州地方文獻典籍，傳播弘揚蘇州歷史文化，推動中華優秀傳統文化傳承發展。

二、全書收録文獻地域範圍依據蘇州市現有行政區劃，包含蘇州市各區及張家港市、常熟市、太倉市、崑山市。

三、全書着重收録歷代蘇州籍作者的代表性著述，同時適當收録流寓蘇州的人物著述，以及其他以蘇州爲研究對象的專門著述。

四、全書按收録文獻内容分甲、乙、丙三編。每編酌分細類，按類編排。

(一)甲編收録一九一一年及以前的著述。一九一二年至一九四九年間具有傳統裝幀形式的文獻，亦收入此編。按經、史、子、集四部分類編排。

(二)乙編收録一九一二年至二〇二一年間的著述。按哲學社會科學、自然科學、綜合三類編排。

(三)丙編收録就蘇州特定選題而研究編著的原創書籍。按專題研究、文獻輯編、書目整理三類編排。

五、全書出版形式分影印、排印兩種。甲編書籍全部采用繁體竪排；乙編影印類書籍，字體版式與原書一致；乙編排印類書籍和丙編書籍，均采用簡體横排。

六、全書影印文獻每種均撰寫提要或出版説明一篇，介紹作者生平、文獻内容、版本源流、文獻價值等情況。影印底本原有批校、題跋、印鑒等，均予保留。底本有漫漶不清或缺頁者，酌情予以配補。

七、全書所收文獻根據篇幅編排分册，篇幅適中者單獨成册，篇幅較大者分爲序號相連的若干册，篇幅較小者按類型相近原則數種合編一册。數種文獻合編一册以及一種文獻分成若干册的，頁碼均連排。各册按所在各編下屬細類及全書編目順序編排序號。

衰谷子商隲武經七書

〔明〕孫履恒 撰

據蘇州圖書館藏明末鴻儀堂刻本影印，配以上海圖書館藏本。

提要

《袁谷子商隲武經七書》十卷附一卷，明孫履恒撰。

孫履恒，字仲立，號袁谷。明吴江人。早年以浙江平湖籍入南雍，萬曆二十二年（一五九四）舉於鄉。萬曆四十四年（一六一六），就任義烏教諭，識拔張國維於諸生中。天啓二年（一六二二），任廣東新寧知縣，旋調博羅。平生好言武略，有知兵名。在任平寇撫民，有惠政。升肇慶府同知，未任而去，居家著書。崇禎七年（一六三四）前後，已任巡撫的張國維延請參幕府，襄助軍務。著有《廿一史選駁》等。

宋元豐三年（一〇八〇）四月，神宗下詔校定《孫子》《吴子》《司馬法》《李衛公》《尉繚子》《三略》《六韜》，史稱『武經七書』。《袁谷子商隲武經七書》成書於崇禎二年（一六二九），含《孫子》《吴子》《司馬法》《李衛公》各一卷，《尉繚子》二卷，《三略》一卷，《六韜》三卷。孫氏研讀兵書，頗有心得，謂『《孫子》玄神要渺，《吴子》簡切雄剛，不敢短長，微有闡發。穰苴法奇語澀，聊爲作解。李靖易語大言，《尉繚》瑕瑜互見，《略》《韜》真贋迭呈，不無取精駁正。總之，經者成法，心者活法，若謂運用，妙在一心。』孫氏對武經七書的取精駁正，均在相關章節後以『孫履恒曰』展開。附録《袁谷子武略雜言》一卷，係孫氏針對天啓二年（一六二二）正月明軍遼東西平堡（今屬遼寧盤錦）大敗之役而撰，分募兵、國計、用兵、破虜諸方面，條分縷析，建言剴切，多中機宜，難能可貴。

本次影印以蘇州圖書館藏明末鴻儀堂刻本爲底本，原書框高二十・六厘米，廣十三・八厘米。此本爲孫氏家刻本，卷首冠孫履恒崇禎二年（一六二九）自叙，文末鈐有『鴻儀堂梓』方印。明清以來公私書目罕有著録，傳本稀見，彌足珍貴。底本原缺卷一第二十四葉、第三十四葉、第四十葉，卷四第二十九葉，卷七第四十四葉，以及附録《裒谷子武略雜言》全卷，皆據上海圖書館藏本補足。

商鷴武經七書自敘

天下之不清寧良繇殺氣未銷故孔思勝殘去殺孟思不嗜殺人今宇宙一統藩籬四夷

大聖中興

至仁無敵可不用殺矣四顧猶未慊然萬

杭州圖書館鑒藏善本書印

年何以無事必能爲殺而後可以不用殺則武經不可不講也恒家世讀易少通卜筮弱冠得三畧抄本栩栩寶之以爲兵道盡此矣孰知其爲七書一斑也先大夫一日見披閱咤曰爾不向八股作生涯而向七書討外

道乎遂置之度閣時津津口吻料遼
蜀倖中壬戌敗聞知恒者因欲恒出
關而新寧之
命下矣再調傳羅遷轉及瓜感憤政虎
筮得大畜嘆曰利涉大川天在山中
而戀戀鷄肋乎六請歸田勉留者曰

于之勇决賁育不奪眞可用行師哉家居五湖饒有七子生産無可問精力文奚庸因發七書揣摩二載費紙二千葉成文數萬言題其編曰商鷹武經七書孫子玄神要渺吳子簡切雄剛不敢短長微有闡發穰苴法奇

語澀聯爲作解李靖易語大言尉繚瑕瑜互見畧韜眞贗迭呈不無取精駁正總之經者成法心者活法若謂運用玅在一心是方圓可廢規矩也若謂後覺必效先覺是按譜可成國手也請舉一以例凡法有不可不因

者如攬英雄之心而通志於衆避實擊虛固衆相利避易邀阨禁舍開塞壹設於先威設於後法有不可必因者如柔制剛刑上極能而示之不能逐奔不過百步無當天竈龍頭集兵千里旬日必集敵境煞太公孫吳穰

尉論兵於衆建之世恒論兵在一統
之
朝衆建之世上者禁亂誅暴次者固圉
守國雖鞭之長不及馬腹苟利社稷
何問四鄰若夫車書大同輿圖一統
來王來享悉主悉臣

龍首高居九天
膺慮常廻萬國若風雨之噓潤不以貫胸
漆齒而恡施若日月之照臨不以蝸
角觸蠻而鮮耀其用兵也若櫛髮耨
苗所去者少而所利者多故曰不違
時不歷民病所以憂吾民也不加喪

不因凶所以㥗夫其民也冬夏不興師所以兼㥗其民也又曰主不可以怒而興師將不可以愠而致戰合於利而動不合於利而止又曰四勝者弊三勝者覇二勝者王一勝者帝葢以黄帝在位百年而僅有涿鹿之戰

以帝堯在位九十八年而僅有驩兜之伐必不得已而後行之如太阿在握磨礪以須光射斗牛膽落魑魅有斷蛟截犀之利無薄柱擊石之虞三代盛王猶供佐使六家雄議莫効權譎而況下焉者不然一期之師十年

之蓄積殫一戰之費累代之培養盡宇宙殺氣於何底止苟念及此即有幹蠱之思不勝善刀之慮肯好大喜功博冠帶遠夷之名鬬內外生民之命哉客曰子之商隲其爲曹劌請見乎曰已致矣已老矣敢有他願抑聞

之聖人有憂芻蕘獻議前車既覆乍見惻心南北路岐老馬有識知我罪我聽之而已書成恍然於大畜之占曰君子以多識前言往行以畜其德初未嘗有意乎此也乃今而若有意乎此也

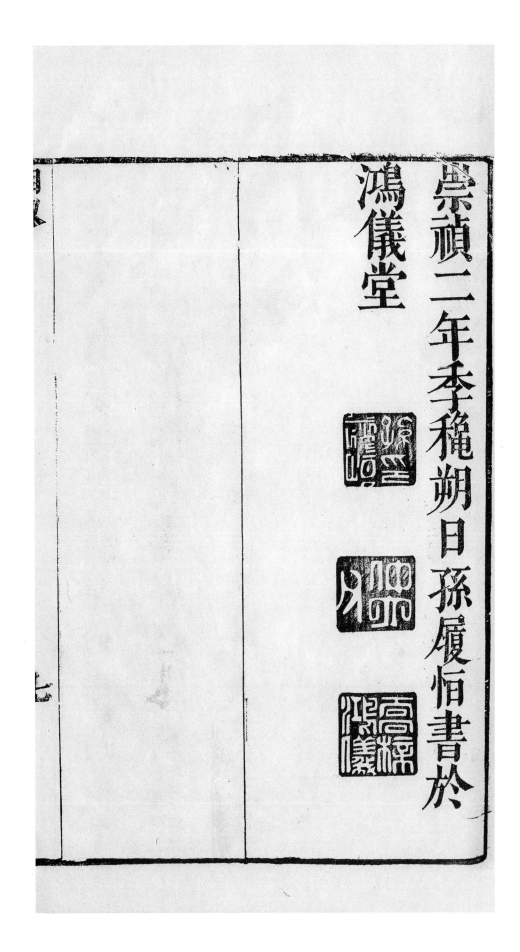

崇禎二年季穐朔日孫履恒書於

鴻儀堂

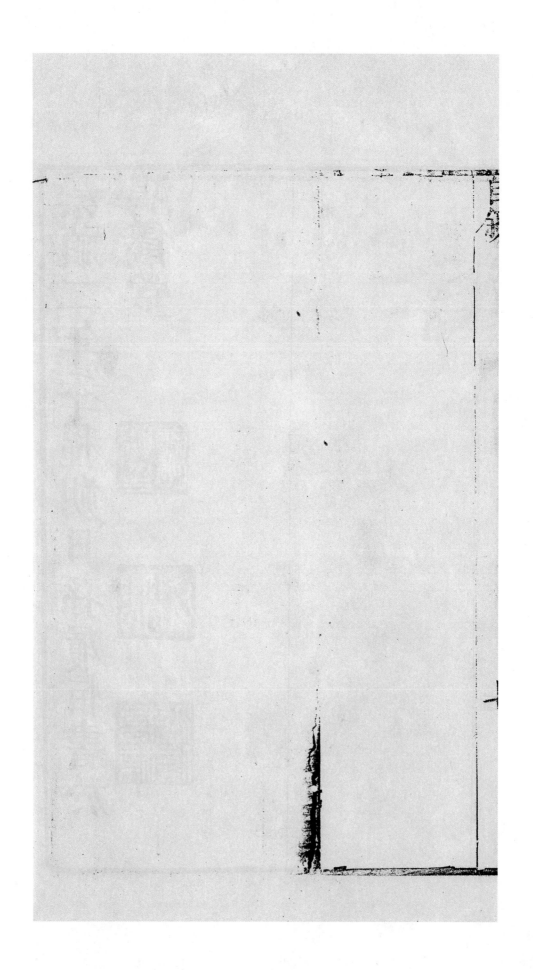

亰谷子商隲武經七書目錄

卷之一

孫武子

卷之二

卷之九

裒谷子商鷹武經七書目錄終

裒谷子商隲武經七書卷之一

吳湖孫履恒立父著

孫子

始計第一

孫子曰兵者國之大事死生之地存亡之道不可不察也故經之以五事較避諱之以計而索其情一曰道二曰天三曰地四曰將五曰法道者令民與上同意可與之死可與之生而不畏危也天者陰陽寒暑時制孤虛旺相隆冬盛夏因時制宜

主孰有道道字卽一曰道道字

此十三篇精蘊亦一部武經精蘊知此者佐帝王繫

也地者遠近險易廣狹死生也將者智信仁勇嚴也詳在九變九地法者曲制官道主用也部曲有制分官有道費用有主凡此五者將莫不聞知之者勝不知者不勝故較避諱之以計而索其情曰主孰有道將孰有能天地孰得法令孰行兵衆孰強士卒孰練賞罰孰明吾以此知勝負矣將聽吾計用之必勝留之將不聽吾計用之必敗去之計利以聽乃爲之勢以佐其外勢者因利以制權也兵者詭道也故能而示之不能用而示之不用近而示之遠遠而示之近

單于猶反掌

多算未有不勝算而不勝則勾踐之行成司馬懿之固守正到底勝法

利而誘之亂而取之實而備之強而避之怒而撓之卑而驕之佚而勞之親而離之攻其無備出其不意此兵家之勝不可先傳也夫未戰而廟算勝者得算多也未戰而廟算不勝者得算少也多算勝少算不勝而況於無算乎吾於此觀之勝負見矣

孫履恒曰始計是行兵要訣道字是始計要訣蓋民與上同意此父子之兵豫之至順之極也豫順以動何問乎十三篇道而曰主孰有道則全在將

將者所謂戰勝在廟堂也殷湯周武我

太祖皇帝有道伐無道三才聽命智者遇之失其智勇者遇之失其勇得道而得天天爲聖人用漢唐宋開基之主皆天也較（避諱）之群雄則爲有道天與英雄配秦魏晉元五胡六朝無道之天一與一廢天隨奸雄轉故主有道天卽在我觀天必能察地伊呂徐劉雲龍風虎將且如身使臂法且不令而行皆道所自出也故願有國者論道不論天論天則必

審道而勝負定矣或曰天可謂無道乎曰水旱凶荒天所降也操懿温莽天所生也安得盡謂之道有道其常無道其變葢天無心以人爲心眞主順其常回其變暴主乘其變反其常故受命者謂之眞命匪道則僞矣

或問曰令民與上同意可得言乎曰誠者天之道也一點誠心御下便民與上同意矣

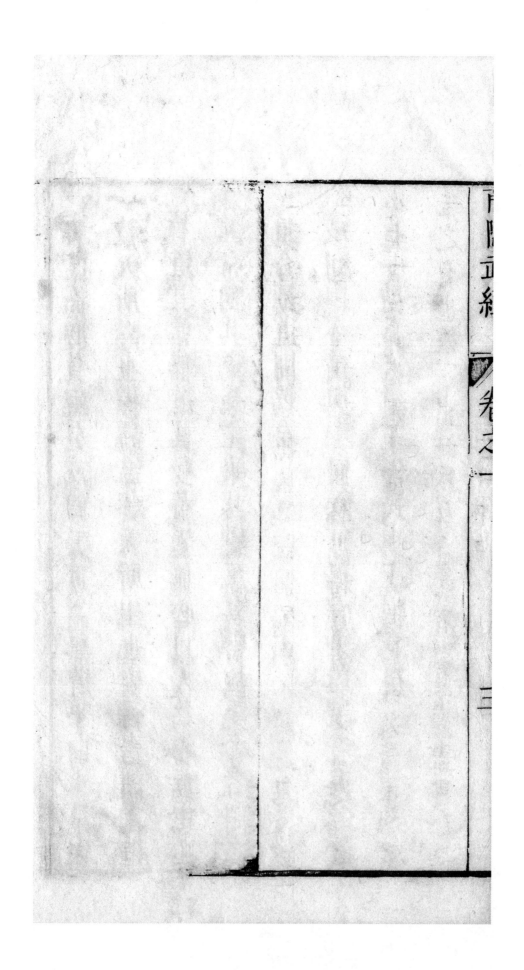

作戰第二

孫子曰凡用兵之法馳車千駟革車千乘帶甲十萬千里饋糧内外之費賓客之用膠漆之材車甲之奉日費千金然後十萬之師舉矣秦以一鎰爲一金漢以一斤爲一金或曰十兩爲一金其用戰也勝久則鈍兵挫鋭攻城則力屈久暴師則國用不足鈍兵挫鋭屈力殫貨則諸侯乘其弊而起雖有智者不能善其後矣故兵聞拙速未覩巧之久也夫兵久而國利者未之有也故不盡知用兵之害者則不能盡知用兵

秆音翰

之利也善用兵者役不再籍糧不三載取用於國因糧於敵故軍食可足也國之貧於師者遠輸遠輸則百姓貧近師者貴賣貴賣（二字疑衍）則百姓財竭財竭則急於丘役力屈財殫中原内虚於家百姓之費十去其七公家之費破車罷馬甲冑弓矢戟楯矛櫓丘牛大車十去其六故智將務食於敵食敵一鍾當吾二十鍾萁秆一石當吾二十石故殺敵者怒也（怒奮我軍怒致敵人）取敵之利者貨也（貨以使貪貨以餌敵）車戰得車十乘以上賞其先得者而更其旌旗

車雜而乘之卒善而養之是謂勝敵而益强故兵貴勝不貴久故知兵之將民之司命國家安危之主也

孫履恒曰作戰一篇其要曰兵久而國利者未之有也夫兵貴神速不貴持久明矣然此論五聚六合爭地爭長之世未可論久安長治一統四海之（避諱）朝也春秋戰國以一戰定霸鷸蚌相持漁人得利較之以計則法令兵衆士卒賞罰不甚相遠所不知者道然皆拊循其下者也所不知者天地然皆

占雲望氣問蓍考龜重掠圯行圍謀众戰者也所不知者將然皆從千乘萬騎長鎗大刄苦征惡戰中出者也辟如奕棋二國手所爭只在一着彼此皆利速戰其勢不相如則割之巳耳事之巳耳未覩巧之久也若帝王之制馭夷狄則不然天生宗子不特道覆華夏亦量包四夷本不宜與競長短而天生四夷在滄海流沙大漠五嶺之外所以警惕人主其最勁者奴虜故古公之用四事秦始之

築長城漢高之從劉敬唐宗之嫁文成皆創業英主也有不得不然者恤我之民與被虜之民也若宋室之獻納季世之播遷其立國之始原與契丹平分天下迨金滅遼而女益壯元滅金而國隨亾固不足道也濠濮

聖作蠻貊尊親誰敢有犬吠豕蹢者泰久否伏文盛武弛於是有昔搖尾而今狂噬昔在包而今出柙如遼左奴酋者奴之勁與虜同而狡倍虜志叉數倍

虜葢其精騎射庯金葦樂格鬬生而巳然矣我衆非不多力非不贍而舍徒步騁渥洼猶北人仗舟楫犯波濤惴惴汗出惟恐失墜而欲其左支右屈首尾相交棍刄相接必不得之數也即有三輔九邊應募材官挽强追風亦學知者耳夫學知之去生知豈不遠哉是弓馬原不相如也而遼人在前眞奴在後我車亦車我步亦步多遺奸細累焚積聚是其狡也虜未聞有此也而其稱兵則曰遼滅

而金興中原半天下我疆我理故虜志得金帛而奴志得土地故戰不易守不易款不易能守而後能戰能屯而後能守能戰而後能款守如李武安十五年一戰而滅襜襤故曰能守而後能戰屯如趙充國條便宜十二事不戰而屈先零故曰能屯而後能守款如衛霍兩將軍出塞三千里封狼居胥而元成之世兩單于遣子入侍呼韓邪稽首稱藩故曰能戰而後能款總之款冣後而屯居先若

是則兵連禍結費
朝廷歲供幾百萬加民間歲額幾什萬何時已乎曰惟屯則深溝峻隄胡騎不得馳逐惟屯則子粒歲增輓輸歲減公私不至困乏惟屯則客兵爲土著畜牧有孳生營堡不至消耗惟屯則軍無支糧之苦官無散糧之勞而軍國無漏卮惟屯則家豢雞豚之屬野收雉兎之利而日用無貴賣惟屯則人守其壘人戰其地而游騎不至罷敝惟屯則我之

埋伏熱酋之往來疑也丈進丈也里進里恢復不見而盖惟也則塞下之粟如丘山而腹內之兇歲改折陳陳相因在在鼓腹盜賊從是而息葢治癰疽者不患外腫而憂內潰元本不壞熱毒自消知此者在心聖智君者心也故聖王治內而務其本

南隱武經 卷之一 八

謀攻第三

孫子曰夫用兵之法全國爲上破國次之全軍爲上（萬二千五百人爲軍）破軍次之全旅爲上（五百人爲旅）破旅次之全卒爲上（百人爲卒）破卒次之全伍爲上（五人爲伍）破伍次之是故百戰百勝非善之善者也不戰而屈人之兵善之善者也故上兵伐謀（使其謀不成）其次伐交（使其具國携貳）其次伐兵其下攻城攻城之法爲不得已修櫓轒轀（大櫓四輪車）具器械（雲梯飛樓之屬）三月而後成距堙（土山）又三月而後已將不勝其忿而蟻附之殺士卒三分之一而城不拔者此攻

之災也。故善用兵者，屈人之兵而非戰也。拔人之城而非攻也。毁人之國而非久也。必以全爭於天下。故兵不頓而利可全。此謀攻之法也。故用兵之法，十則圍之，五則攻之，倍則分之，敵則能戰之，少則能守之，不若則避之。故小敵之堅，大敵之擒也。夫將者國之輔也（龍韜論將亦云），輔周則國必強，輔隙則國必弱。故軍之所患於君者三：不知軍之不可以進而謂之進，不知軍之不可以退而謂之退，是謂縻軍。不知三軍之事而同三軍之政則軍士惑矣不知三軍之權而同三軍之任則軍士疑矣三軍既惑且疑則諸侯之難至矣是謂亂軍引勝故知勝有五知可以與戰不可以與戰者勝識衆寡之用者勝上下同欲者勝以虞待不虞者勝將能而君不御者勝此五者知勝之道也故曰知彼知己百戰不殆不知彼而知己一勝一負不知彼不知己每戰必敗

孫履恒曰全國十語舉一可見其餘而備言之者

李懷光擊朱滔滔軍崩沮懷光有喜色士卒爭寶貨武俊引騎橫擊遂大潰敗

一伍之微不可妄殺以刀砍木猶虞其鈌破人而不自破者未之前聞故有殺士卒三分之一語指點英雄保全軍國并怙敎衆宜爲七書冠爲百將師而尉繚乃謂善用兵者能殺士卒之半不亦妄乎然謀在攻先故求其全若當其攻則平吞勍敵刃刃見血所當者破雖衆元塗地亦且不顧一毫心慈手軟便成擒矣宋襄之不擒二毛懷光之按轡有喜色可鑒也

軍形第四

孫子曰昔之善戰者先爲不可勝以待敵之可勝不可勝在己可勝在敵故善戰者能爲不可勝不能使敵之必可勝故曰勝可知而不可爲不可勝者守也可勝者攻也守則不足攻則有餘善守者藏於九地之下善攻者動於九天之上故能自保而全勝也見勝不過衆人之所知非善之善者也戰勝而天下曰善非善之善者也故舉秋毫不爲多力見日月不爲

善戰者見於未形而勝之故無智名勇功而戰勝不差忒以乘敵之已敗者也故常立不敗之地敵有敗形卽乘之而不失

因其所處之地而度遠近險易廣狹之形既度其地卽量其強弱多寡之力既

明目聞雷霆不爲聰耳古之所謂善戰者勝於易勝者也故善戰者之勝也無智名無勇功故其戰勝不忒不忒者其所措勝勝已敗者也故善戰者立於不敗之地而不失敵之敗也是故勝兵先勝而後求戰敗兵先戰而後求勝善用兵者修道而保法（一曰道五曰法而二三四在其中矣）故能爲勝敗之政兵法一曰度二曰量三曰数四曰稱五曰勝地生度度生量量生数數生稱稱生勝故勝兵若以鎰稱銖敗兵若以銖稱鎰勝者之戰若決積水於

量其力即用其機變權術之数惟有数斯可稱敵而不差惟相稱斯可求勝而不負

千仭之谿者形也

孫履恒曰武子軍形貴治於無形則我無隙可乘而敵開其隙我投其間曾不須臾此所謂不失敵之敗善之善者也秦越人之兄治病未病而名不出里閈其無智名勇功之謂乎唐人云憑君莫話封侯事一將功成萬骨枯願用兵者讀其書行其事勿立一已之名而枯萬骨或曰治病未病此君相事也曰勝於易勝此將事也曰勝於易勝奈何

曰擣虛邀阨此其大凡未易悉也曰九天九地可得聞歟曰惟九至變易之道也我神其變敵莫能知便是九天九地故緊接之曰見勝不過衆人之所知非善之善者也

兵勢第五

孫子曰凡治衆如治寡分數是也部曲爲分什伍爲數鬬衆如鬬寡形名旌旗曰形是也金鼓曰名三軍之衆可使必受敵而無敗者奇正是也兵之所加如以碫投卵者虛實是也凡戰者以正合以奇勝故善出奇者無窮如天地不竭若江海終而復始日月是也死而復生四時是也聲不過五五聲之變不可勝聽也色不過五五色之變不可勝觀也味不過五五味之變不可勝甞也戰勝不過奇正奇正

奇正相生三語是陣法之祖

之變不可勝窮也奇正相生如循環之無端孰能窮之哉激水之疾至於漂石者勢也鷙鳥之疾至於毀折者節也故善戰者其勢險其節短勢如彍弩節如

一篇論勢節卽在勢之中

發機紛紛紜紜鬬亂而不可亂渾渾沌沌形圓而不可敗勇怯勢也強弱形也故善動敵者形之敵必從之予之敵必取之以利動之以本待之故善戰者求之於勢不責之於人故能擇人而任勢任勢者其戰人也如轉木石木石之性安則靜危則動方則止圓

則行故善戰者之勢如轉圓石於千仞之山者勢也

孫履恒曰凡兵之敗皆繇將不能貫串陣法三軍有受敵有不受敵之故若使必受敵則長勝之勢在我矣善出奇者至孰能窮之即龍韜所謂奇正發於無窮之源問對所謂奇正相變循環無窮也神妙不可捉摸其可捉摸者從勢求之而已或曰始計云計利以聽乃爲之勢以佐其外是佐勢者君也此云善戰者求之於勢不責之於人是任勢

者將也豈各有所用歟曰君之佐勢如求大國之救與國之援或别遣將出奇道將之任勢在通九變之利計險阨遠近曰勢如彍弩險之至矣節如發機短之極矣古善用兵有行之否曰闕與之戰厚集其陣以待之彍弩之勢也秦軍爭山脊縱兵擊之發機之節也。

虛實第六

孫子曰凡先處戰地而待敵者逸後處戰地而趨戰者勞故善戰者致人而不致於人能使敵人自至者利之也能使敵人不得至者害之也故敵佚能勞之飽能饑之安能動之出其所不趨趨其所不意行千里而不勞者行於無人之地也攻而必取者攻其所不守也守而必固者守其所不攻也故善攻者敵不知其所守善守者敵不知其所攻微乎微乎至於無

形神乎神乎至於無聲故能爲敵之司命進而不可禦者衝其虛也退而不可追者速而不可及也故我欲戰敵雖高壘深溝不得不與我戰者攻其所必救也我不欲戰雖畫地而守之敵不得與我戰者乖其所之也故形人而我無形則我專而敵分我專爲一敵分爲十是以十攻其一也則我衆敵寡能以衆擊寡則吾之所與戰者約矣吾所與戰之地不可知不可知則敵所備者多敵所備者多則吾所與戰者寡

矣故備前則後寡備後則前寡備左則右寡備右則左寡無所不備則無所不寡寡者備人者也衆者使人備已者也故知戰之地知戰之日則可千里而會戰不知戰地不知戰日則左不能救右右不能救左前不能救後後不能救前而况遠者数十里近者数里乎以吾度之越人之兵雖多亦奚益於勝哉故曰勝可爲也敵雖衆可使無鬬故策之而知得失之計作之而知動靜之理形之而知死生之地角之而知

有餘不足之處故形兵之極至於無形無形則深間不能窺智者不能謀因形而措勝於衆衆不能知人皆知我所以勝之形而莫知所以制勝之形故其戰勝不復而應形於無窮夫兵形象水水之形避高而趨下兵之形避實而擊虛水因地而制流兵因敵而制勝故兵無常勢水無常形能因敵變化而取勝者謂之神故五行無常勝四時無常位日有短長月有死生

孫履恒曰避實擊虛用兵之訣而少師曰不當王非敵成安君曰後有大者何以加之安得不成擒乎肰敵亦欲避實擊虛惟我無形無聲深間不能窺而敵乖其所之矣何以使不能窺易曰幾事不密則害成三疑曰周密爲寶密之一言微也神也乾之靜專也不能專而何以言密今日之病全在我分而酋專我無所不備而無所不寡酋專軍并鋭所在荼毒我軍不没即逃然酋亦法然則奈何

曰在偵探在游騎夫偵探而恃烽煙後矣其必我之間諜在彼生理乎猶恐未可信恃則百里之内必有選鋒往來今之所謂游擊也豈曰無之第非眞選鋒耳即眞選鋒不及千人則安得我衆酋寡夫輕生樂死之士非月糧歲布之所致也誠能破常格以鼓舞則太公所謂香餌之下必有死魚重賞之下必有勇夫矣穿楊貫虱之技非支左屈右之常法也誠得數十人爲領袖則吳子所謂十人

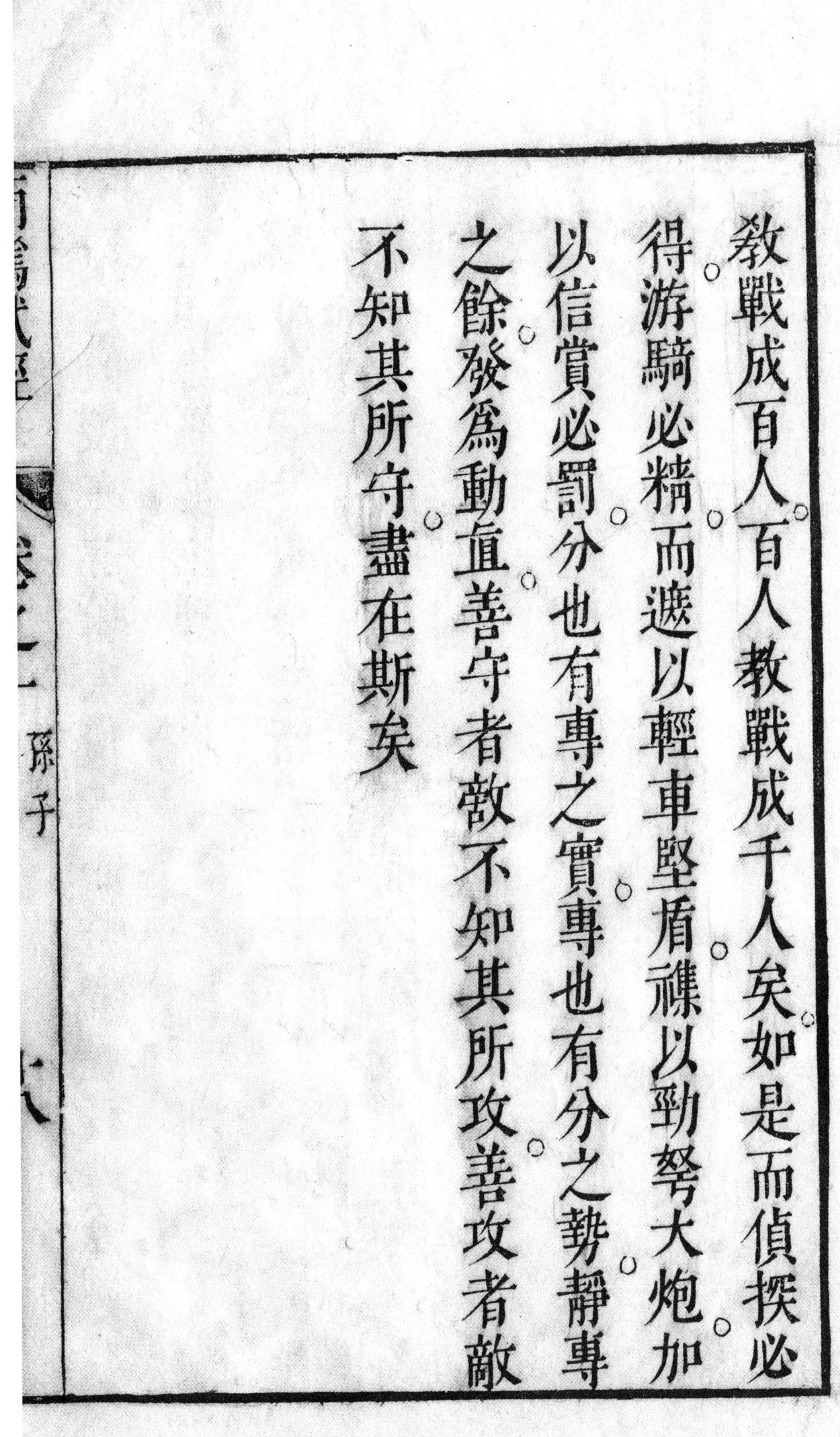

敎戰成百人。百人教戰成千人矣。如是而偵探必得。游騎必精。而遮以輕車。堅盾。襍以勁弩。大炮。加以信賞必罰。分也。有專之實。專也。有分之勢。靜專之餘。發爲動。直善守者。敵不知其所攻。善攻者。敵不知其所守。盡在斯矣

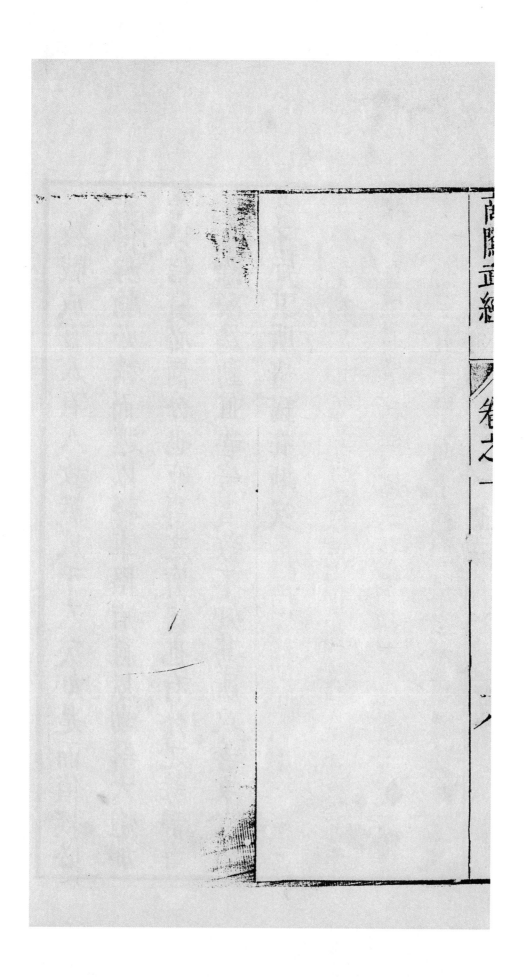

軍門稱和門者以其和於衆而後舉也

軍爭第七

孫子曰凡用兵之法將受命於君合軍聚衆交和而舍莫難於軍爭軍爭之難者以迂爲直以患爲利故迂其途而誘之以利後人發先人至此知迂直之計者也故軍爭爲利衆爭爲危舉軍而爭利則不及委軍而爭利則輜重捐是故卷甲而趨日夜不處倍道兼行百里而爭利則擒三將軍勁者先疲者後其法十一而至五十里而爭利則蹶上將軍其法半至三

十里而爭利則三分之二至是故軍無輜重則亾無糧食則亾無委積則亾故不知諸侯之謀者不能豫交不知山林險阻沮澤之形者不能行軍不用鄉導者不能得地利故兵以詐立以利動以分合爲變者也故其疾如風其徐如林侵掠如火不動如山難知如陰動如雷霆掠鄉分衆廓地分利懸權而動先知迂直之計者勝此軍爭之法也軍政曰言不相聞故爲之金鼓視不相見故爲之旌旗夫金鼓旌旗者所

聞奴虜入犯必雞鳴時候亦取朝氣乎

以一人之耳目也人既專一則勇者不得獨進怯者不得獨退此用衆之法也故夜戰多火鼓晝戰多旌旗所以變人之耳目也三軍可奪氣將軍可奪心是故朝氣銳晝氣惰暮氣歸善用兵者避其銳氣擊其惰歸此治氣者也以治待亂以靜待譁此治心者也以近待遠以佚待勞以飽待饑此治力者也無邀正正之旗無擊堂堂之陣此治變者也故用兵之法高陵勿向背丘勿逆佯北勿從銳卒勿攻餌兵勿食歸

司馬法曰衆以合寡則遠裹而闕之正所謂圍師必闕也

師勿遏圍師必闕窮寇勿追此用兵之法也

或曰既曰後人發先人至又曰百里而趨利則擒三將軍五十里而趨利則蹶上將軍不自相矛盾乎曰法固不可泥也十一至半至者兵之常也如曹操追豫州輕騎一日一夜行三百里是也後人發先人至者兵之變也如趙奢斬言救武安者以示秦間卷甲而趨一日一夜距關與五十里而軍是也蓋操之所忌獨一玄德擒玄德而天下定矣

且玄德敗亡之餘非勍敵也操之失不在追豫州在舍輜馬仗舟檝玄德之勝不在乘其半至在借吳爲犄角夫操豈不知蹶上將之忌由此言之馬服君之兵眞所謂如山如林如陰如風如火如霆者也令人有遐慕焉

或曰朝氣晝氣暮氣我與敵兩相待也奈何避之擊之曰我爲主而敵爲客則避其銳氣而擊其惰歸我爲客而敵爲主則用我朝氣而勵我晝暮便

可轉惰歸爲銳氣

五利即途有所不由五句利中見害害中見利故曰

九變第八

孫子曰凡用兵之法將受命於君合軍聚衆圮地無舍衢地合交絶地無留圍地則謀死地則戰途有所不由軍有所不擊城有所不攻地有所不爭君命有所不受故將通於九變之利者知用兵矣將不通於九變之利雖知地形不能得地之利矣治兵不知九變之術雖知五利不能得人之用矣是故智者之慮必雜於利害雜於利而務可信也雜於害而患可解

必死可殺二句當與司馬上生多疑上死不勝合看

也。是故屈諸侯者以害，役諸侯者以業，趨諸侯者以利。故用兵之法，無恃其不來，恃吾有以待之；無恃其不攻，恃吾有所不可攻也。故將有五危：必死可殺，必生可虜，忿速可侮，廉潔可辱，愛民可煩。凡此五者，將之過也，用兵之災也。覆軍殺將，必以五危，不可不察也。

孫履恒曰：圮地五句，地形也；途有所不由五句，地利也。言九變、不言九變之所以然者，詳在第十一篇散地無戰九句合而觀之可也或曰覆軍殺將必以五危則必生何居貴勝不貴久何說將可貪與民可不愛與曰爲將者豈不國爾忘身亦豈不明哲保身可虜可殺病痛只在一必字必則不變矣奕與兵通奕曰子無必殺忿速便不知襍於利害能無敗乎廣愛道也若曰我以廣勝貪以愛勝殘而不知九變危莫甚焉當與龍韜論將十過相提而論

行軍第九

孫子曰凡處軍相敵絶山依谷視生處高戰隆無登此處山之軍也絶水必遠水客絶水而來勿迎之於水内令半渡而擊之利欲戰者無附水而迎客視生處高無迎水流此處水上之軍也絶斥澤惟亟去勿留若交軍於斥澤之中必依水草而背衆樹此處斥澤之軍也平陸處易右背高前死後生此處平陸之軍也凡此四軍之利黄帝所以勝四帝也凡軍好高

度也過也

凡人皆右手用力故右背高則得勢得力其理甚微

自絶山依谷至伏奸之所皆處軍之法自近而靜者至謹察之皆相敵之法

而惡下貴陽而賤陰養生處實軍無百疾是謂必勝丘陵隄防必處其陽而右背之此兵之利地之助也上雨水沫至欲涉者待其定也凡地有絶澗天井天牢天羅天陷天隙必亟去之勿近也吾遠之敵近之吾迎之敵背之軍旁有險阻潢井林木蒹葭翳薈者必謹覆索之此伏奸之所也近而靜者恃其險也遠而挑戰者欲人之進也其所居易者利也衆樹動者來也衆草多障者疑也鳥起者伏也獸駭者覆也塵

高而銳者車來也卑而廣者徒來也散而條達者樵
採也少而往來者營軍也辭卑而益備者進也辭強
而進驅者退也輕車先出居其側者陣也無約而請
和者謀也奔走而陳兵者期也半進半退者誘也仗
而立者饑也汲而先飲者渴也見利而不知進者勞
也鳥集者虛也夜呼者恐也軍擾者將不重也旌旗
動者亂也吏怒者倦也殺馬食肉者軍無糧也懸缻
不返其舍者窮寇也諄諄諭諭徐與人言者失衆也

數賞者窘也數罰者困也先暴而後畏其衆者不精之至也來委謝者欲休息也兵怒而相迎久不合戰又不解去必謹察之兵非貴益多惟無武進足以併力料敵取人而已夫惟無慮而易敵者必擒於人卒未親附而罰之則不服不服則難用也卒已親附而罰不行則不可用也故令之以文齊之以武是謂必取令素行以教其民則民服令不素行以教其民則民不服令素行者與衆相得也

孫臏恒曰處軍四法萬世不易相敵三十三法其大凡耳亦有不盡然者如趙雲斜谷之戰入營開門偃旗息鼓魏兵疑雲有伏引去則近而靜者未必險也如吳晉潢池之會夫差秉枹振旅直造晉壘則辭強而進者是退遠而挑戰者未必欲人之進也如城濮之戰欒枝使輿曳柴而僞遁則塵高而銳者未必來也如孫臏伐魏救韓今日爲十萬竈明日爲五萬竈又明日爲二萬竈則懸鏁不迓

者未必窮也且鳥可使起獸可使駭白鴿之頸而烏其羽則可使集蓋兵有虛而實實而虛有實而實虛而虛故十中之七八當以法相敎十中之二三當以我用法總是與衆相得一語爲處軍相敎大要

地形第十

孫子曰地形有通者有掛者有支者有隘者有險者有遠者我可以往彼可以來曰通通形者先居高陽利糧道以戰則利可以往難以返曰掛掛形者敵無備出而勝之若有備出而不勝難以返不利我出而不利彼出而不利曰支支形者敵雖利我我無出也引而去之令敵半出而擊之利隘形者我先居之必盈之以待敵若敵先居之盈而弗從不盈而從之險

地形有六兵之敗形亦有六俱不可不察識此六地反此六敗當置名罪於度外一心爲國爲民夫爲國爲民之將未有不視卒如子者不過三番四覆提醒後人令民與上同意可不可着着看定斯之謂上將

形者我先居之必居高陽以待敵若敵先居之引而去之勿從也遠形者勢均難以挑戰戰而不利凡此六者地之道也將之至任不可不察也故兵有走者有弛者有陷者有崩者有亂者有北者凡此六者非天地之災將之過也夫勢均以一擊十曰走卒強吏弱曰弛吏強卒弱曰陷大吏怒而不服遇敵懟而自戰將不知其能曰崩將弱不嚴教道不明吏卒無常陳兵縱橫曰亂將不能料敵以合衆以弱擊強兵無

斯之謂國寶

選鋒曰北。凡此六者，敗之道也。將之至任，不可不察也。夫地形者，兵之助也。料敵制勝，計險阨遠近，上將之道也。知此而用戰者必勝，不知此而用戰者必敗。故戰道必勝，主曰無戰，必戰可也；戰道不勝，主曰必戰，無戰可也。故進不求名，退不避罪，惟民是保，而利於主，國之寶也。視卒如嬰兒，故可與之赴深谿；視卒如愛子，故可與之俱死。愛而不能令，厚而不能使，亂而不能治，譬之驕子，不可用也。知吾卒之可以擊而不知敵之不可擊勝之半也知敵之可擊而不知吾卒之不可以擊勝之半也知敵之可擊知吾卒之可以擊而不知地形之可以戰勝之半也故知兵者動而不迷舉而不窮故曰知彼知巳勝乃不殆知天知地勝乃可全

孫履恒曰武子十三篇虛實軍爭九變行軍地形九地六致意於地利蓋重矣哉或曰軍爭曰高陵勿向背丘勿逆行軍曰視生處高戰隆無登又曰

養生處實軍無百疾又曰丘陵隄防必處其陽而右背之地形曰我先居之必居高陽以待敵總之養生處高一語是訣而趙奢以先據北山勝馬謖以舍水上山敗豈奢有天幸謖爲天亡與曰謖不守城而使張郃得絕其汲道是徒知處高而不知養生也安得不敗然以孔明之智先主之哲而用謖以敗則天也或曰地利不如人和是志至氣次否曰視卒如嬰兒故可與之赴深谿視卒如愛子

故可與之俱死而猶曰知敵之可擊知吾卒之可以擊而不知地形之可以戰勝之半也則地利人和如輪之逐馬響之應聲影之像形呼之與吸肩之與踶可分至次哉或曰嬰兒憂子有别乎曰嬰兒者如九地所云能愚士卒之耳目憂子者如始計所云令民與上同意

九地第十一

孫子曰用兵之法有散地有輕地有爭地有交地有衢地有重地有圮地有圍地有死地諸侯自戰其地者爲散地入人之地不深者爲輕地我得亦利彼得亦利爲爭地我可以往彼可以來者爲交地諸侯之地三屬先至而得天下之衆者爲衢地入人之地深背城邑多者爲重地山林險阻沮澤凡難行之道者爲圮地所由入者隘所從歸者迂彼寡可以擊吾之

衆者爲圍地疾戰則存不疾戰則亡者爲死地是故散地則無戰輕地則無止爭地則無攻交地則無絕衢地則合交重地則掠圮地則行圍地則謀死地則戰古之所謂善用兵者能使敵人前後不相及衆寡不相恃貴賤不相救上下不相收卒離而不集兵合而不齊合於利而動不合於利而止敢問敵衆整而將來待之若何曰先奪其所愛則聽矣（以下四句應前後不相及六句）兵之情主速乘人之不及由不虞之道攻其所不戒也凡爲客之

道深入則專主人不克掠於饒野三軍足食謹養而勿勞并氣積力運兵計謀爲不可測投之無所往死且不北死焉不得士人盡力兵士甚陷則不懼無所往則固入深則拘不得已則鬬是故其兵不修而戒不求而得不約而親不令而信禁祥去疑至死無所之吾士無餘財非惡貨也無餘命非惡壽也令發之日士卒坐者涕沾襟偃臥者涕交頤投之無所往則諸劌（音貴）之勇也故善用兵者譬如率然率然者常山之

蛇也擊其首則尾至擊其尾則首至擊其中則首尾俱至敢問可使如率然乎曰可夫吳人與越人相惡也當其同舟濟而遇風其相救也如左右手是故方馬埋輪未足恃也齊勇若一政之道也剛柔相得地之理也故善用兵者攜手若使一人不得已也將軍之事靜以幽正以治能愚士卒之耳目使之無知易其事革其謀使人無識易其居迂其途使人不得慮帥與之期如登高而去其梯帥與之深入諸侯之地

文要深入所謂不入虎穴焉得虎子

而發其機。若驅群羊，驅而往，驅而來，莫知所之。聚三軍之衆，投之於險，此將軍之事也。九地之變，屈伸之利，人情之理，不可不察也。凡爲客之道，深則專，淺則散。去國越境而師者，絶地也；四通者，衢地也；入深者，重地也；入淺者，輕地也；背固前隘者，圍地也；無所往者，死地也。是故散地，吾將一其心；輕地，吾將使之屬；爭地，吾將趨其後；交地，吾將謹其守；衢地，吾將固其結；重地，吾將繼其食；圮地，吾將進其途；圍地，吾將塞其闕死地吾將示之以不活故兵之情圍則禦不得已則鬭過則從是故不知諸侯之謀者不能預交不知山林險阻沮澤之形者不能行軍不用鄉導者不能得地利四五者一不知非霸王之兵也夫霸王之兵伐大國則其衆不得聚威加於敵則其交不得合是故不爭天下之交不養天下之權信已之私威加於敵故其城可拔其國可隳施無法之賞懸無政之令犯三軍之衆若使一人犯之以事勿告以言犯之

諄諄告諭不嫌重復

以利勿告以害投之亡地然後存陷之死地然後生夫衆陷於害然後能爲勝敗故爲兵之事在順詳敵之意并力一向千里殺將是謂巧能成事是故政舉之日夷關折符無通其使厲於廟堂之上以誅其事敵人開闔必亟入之先其所愛微與之期踐墨隨敵以決戰事是故始如處女敵人開戶後如脫兎敵不及拒

孫履恒曰九地一篇惟散地爲應兵輕地以下八

則皆伐國之兵故兩言爲客之道然死地即在重地圮地圍地中有分析亦無分析或曰九地中獨一死地則戰戰豈易言乎曰此得之而未盡投之亾地然後存陷之死地然後生一篇中眞訣留貿然入於死地者愚將也愚士卒之耳目投之於險者智將也智將貿中自有生道在故到底無死地生道何如知諸侯之謀知山林險阻沮澤之形用鄉導而得地利是活法也預交則與國躡其後知

形得利則居高擊敵。吾遠敵近。吾迎敵背。此時并力一向。如轉圓石於千仞之山。勝乃可全。故圍則禦。不得已則鬬。過則從之。下復總醒之曰。不知諸侯之謀者不能預交三句。

火攻第十二

孫子曰凡火攻有五一曰火人二曰火積三曰火輜四曰火庫五曰火隊行火必有因煙火必素具發火有時起火有日時者天之燥也日者月在箕壁翼軫也凡此四宿者風起之日也凡火攻必因五火之變而應之火發於內即早應之於外火發而其兵靜者待而勿攻極其火力可從而攻之不可從而止火可發於外無待於內以時發之火發上風無攻下風晝

借水以贊火火攻如火牛之殺騎劫赤壁之燒曹軍皆明者事水攻如淮陰之斬龍且亭侯之擒于禁皆強者事

風久夜風止凡軍不知五火之變以數守之故以火佐攻者明以水佐攻者強水可以絕不可以奪夫戰勝攻取而不修其功者凶命曰費留故曰明主慮之良將修之非利不動非得不用非危不戰主不可以怒而興師將不可以慍而致戰合於利而動不合於利而止怒可以復喜慍可以復悅亡國不可以復存死者不可以復生故曰明主慎之良將警之此安國全軍之道也

孫履恒曰春秋列國伎倆相若火攻猶是一端今日撻伐奴虜則中國長技惟有火攻而火攻中惟有火隊夫火人火積火輜火庫多以間行而間可用於敵國難用於絶域且法曰行火必有因因其火而火之更易爲力如我年來數翅之熖皆奴之奸細因我而煽者也而彼且無火藥矣又將何因故惟有火隊火隊未易悉講言其概伏之車中伏之牛輩伏之城上伏之橋下伏之地道伏之營堡

伏牛龍與田單火牛稍異當防其反走

伏之山谿伏車中者掩牛馬士卒之耳矢石既接千火並發無肉不焦伏牛輩者褁以重革角以利刄提足尾後覘敵之倦乘時之昏一往莫禦伏城上者大將軍数位向其來路甲發乙接乙發丙接天崩地裂糜爛犬羊伏橋下者箭楼之前多有橋梁酋來仰攻必繇之道火砲在橋線索在我一發傾摧前不能回後不能救伏地道者竹籍竹覆置線中央以通地雷待敵來陣雷出地奮萬夫辟易

伏營堡者視敵必爭必據藏炮於地通線以竹先爲固守而後逃之待其食宿而伏發驚亂而追擊伏山谿者誘敵密林深菁斷其前後因風縱火及其自相蹂踐而斫之凡此七者皆火隊也一言而已陳矣運用之妙存乎一心則雖終日言未嘗言也在智者自得耳若用於水戰則火船其最要乎視風起之日聚敝舟數十置柴其上藏藥其中輕船隨後將逼火發直犯餘皇此五火之所未備也

行火之因因風最烈風逆則備風順則攻將能用此力少功多而猶曰非利不動非得不用非危不戰戰豈易言哉愼之警之安國全軍夫安國吾安吾國而全軍則謀攻已言之矣曰全軍爲上破軍次之仁人之言其利溥哉

或曰子批云明者事強者事豈有定說乎曰謀猷康國明哲保身謂之明勇略蓋世成敗在天謂之強曰安平固明矣周郎反勝二傑耶曰周郎亦強

者。赤壁之勝孔明之力居多。故余曰赤壁燒曹軍。
不曰周郎燒曹軍。

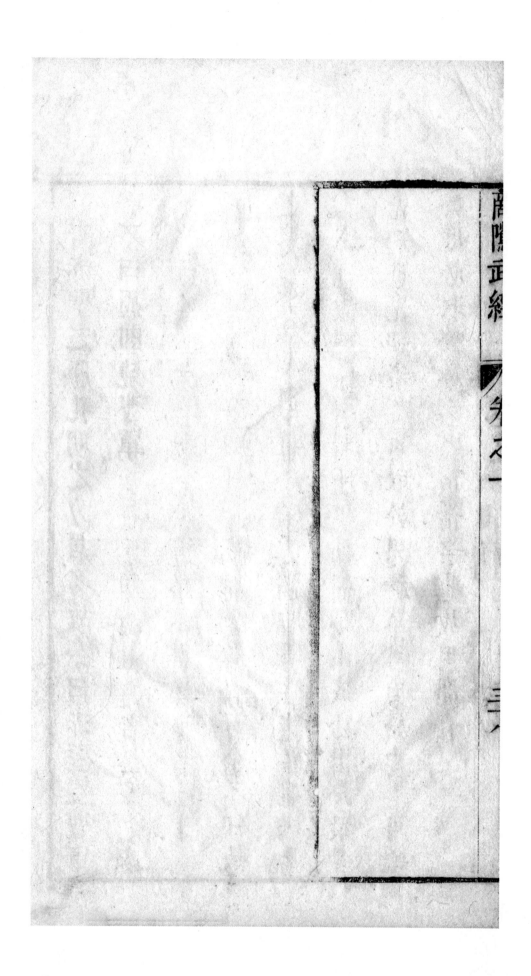

用間第十三

孫子曰凡興師十萬出征千里百姓之費公家之奉日費千金内外搔動怠於道路不得操事者七十萬家相守數年以爭一日之戰而愛爵祿百金不知敵之情者不仁之至也非人之將也非主之佐也非勝之主也故明君賢將所以動而勝人成功出於衆者先知也先知者不可取於鬼神不可象於事不可驗於度必取於人知敵之情者也故用間有五有因間

有內間有反間有死間有生間五間俱起莫知其道
是謂神紀人君之寶也因間者因其鄉人而用之內
間者因其官人而用之反間者因其敵間而用之死
間者爲誑事於外令我間知之而傳於敵間也生間
者反報也故三軍之事莫親於間賞莫厚於間事莫
密於間非聖智不能用間非仁義不能使間非微玅
不能得間之實微哉微哉無所不用間也間事未發
而先聞者間與所告者皆死凡軍之所欲擊城之所

五間之中反間最重能用反間而諸間俱得矣

欲攻人之所欲殺必先知其守將左右謁者門者舍人之姓名令吾間必索知之必索敵間之來間我者因而利之導而舍之故反間可得而使也因是而知之故鄉間內間可得而使也因是而知之故死間爲誑事可使告敵因是而知之故生間可使如期五間之事主必知之知之必在反間故反間不可不厚也昔殷之興也伊摯在夏周之興也呂牙在商故明君賢相能以上智爲間者必成大功此兵之要三軍之

所恃而動也

孫臏恬曰始計云較之以計而索其情反間正所遊蕭以索其情也是故越行反間而子胥死秦行反間而長平坑漢行反間而范增逝周行反間而斛律誅傾危人國此着最梟雖然割據之世以敵國間敵國易一統之世以中國間夷狄難智士之遇間也若明鏡之照物慎主之聞間也若聾者之辨音仁主之當間也如庖丁之解牛闇主之信間也如

老嫗之溺子。信陵君與魏王博，北境舉烽，傳趙王且入界，而公子客探得趙王陰事，曰：趙王田獵，非爲寇也。而今有如信陵之客在奴酋者乎？智瑶之灌晉陽，絺疵見二子有憂色，而知其反；見其端謹疾趨，而知瑶之以言告二子。而瑶能聽疵之言，杜韓魏之間乎？莒、即墨未下，或譖樂毅於燕昭，曰：彼欲久仗兵威，南面而王耳。燕昭置酒大會，引言者斬之，而惠能信毅之忠，行昭之事乎？是故宮中府中閒內閒外一語一默若出一心使臂使指渾然一體則雖欲投間抵隙安所施哉或曰內閒者因其官人而用之固矣不亦可因其寵姬而用之如孟嘗以狐白裘進幸姬陳平以美人圖說閼氏乎行吾餌以釣之如散宜以一物釋西伯齊人以女樂行孔子乎曰鄙哉齊人不足道也孟嘗救灾陳平散宜解君厄此惡用之着不得已而行之非所論於堂堂

天朝巍巍

聖主也齊仲孫湫省魯難歸公曰魯可取乎曰魯不棄

周禮未可動也夫大國不能侵小而小醜何能射

天周公相成王海不揚波重譯來朝夫聖相施及

蠻貊而聖主不備極尊親蓋四年權璫雷霆在手

雨露在門幾竊神器

皇上十八冲齡一月玩弄縛虎如縛雞斷截如斷蜉唐

文宗有言去河北賊易去朝廷朋黨難今易其所

難而豈難其所易武子用間存而弗論可也

裒谷子商隱武經七書卷之一

鬼谷子商隲武經七書卷之二

吴湖孫屠楼立父著

吴子

圖國第一

吴起儒服以兵機見魏文侯。文侯曰。寡人不好軍旅之事。起曰。臣以見占隱以往察來。主君何言與心違。今君四時使斬離皮革掩以朱漆畫以丹青爍以犀象。冬日衣之則不温夏日衣之則不凉爲長戟二丈四尺短戟一丈二尺革車掩戶縵輪籠轂觀之於目則不麗乘之於田則不輕不識主君安用此也若以備進戰退守而不求能用者譬猶伏雞之搏狸乳犬之犯虎雖有鬬心隨之死矣昔承桑氏之君修德廢武以滅其國家有扈氏之君恃衆好勇以喪其社稷明主鑒茲必内修文德外治武備故當敵而不進無逮於義矣殭屍而哀之無逮於仁矣於是文侯身自布席夫人捧觴醮吳起於廟立爲大將軍守西河與

諸侯大戰七十六全戰六十四餘則均解闢土四面（其餘勢均講解）
拓地千里皆起之功也
孫臏恒曰吳起從學曾子故服儒服而首談兵機
眞所謂天資刻薄人也其曰內修文德外治武備
亦以文治爲服餙武備其本質也故卒去魏而死
楚若謂其殺妻求將恐無是理妻無罪可殺與齊
人寧不問與不益重魯人之疑與殺妻或有殺妻
求將則誣千古寃案請爲開之然起以伏王尸而

引秦死證起死令人洞心駭目

告祖廟啟元龜假神以一衆心所以致知也

夷七十餘家秦以車裂徇市而出殺巳者伏誅危哉奇謀之士不可犯也

吳子曰昔之圖謀國家者必先教百姓而親萬民有四不和不和於國不可以出軍不和於軍不可以出陳不和於陣不可以進戰不和於戰不可以決勝是以有道之主將用其民先和而造大事不敢信其私謀必告於祖廟啟於元龜參之天時吉乃後舉民知君之愛其命惜其死若此之至而與之臨難則士以

進死爲榮退生爲辱矣

孫履恒曰和字即武子所謂令民與上同意起吮疽一事便是視卒如愛子雖然愛子者多矣吮疽者亦鮮母曰去年吮父今年吮子是起爲將只做吮疽一事日亦不足且以吮疽爲常不亦重士卒之疑且畏且猒史不更誣哉易曰說以犯難民忘其死說之大和之至也未能和其民者不得不假要結挾纊投醪意可師也

吳子曰夫道者所以反本復始義者所以行事立功謀者所以遠害就利要者所以保業守成若行不合道舉不合義而處大富貴患必及之是以聖人綏之以道理之以義動之以禮撫之以仁此四德者修之則興廢之則衰故成湯伐桀而夏民喜悅周武伐紂而殷民不非舉順天人故能然矣

孫履恒曰道是天道義是民義此舉順天人之本雖權謀要約必借此以出故緊接之曰若行不合

道舉不合義而處大富貴患必及之其湯武乎體道稟義不事權謀要約又覺禮仁相宣後此則我
太祖高皇帝而已

吳子曰凡制國治軍必教之以禮勵之以義使有恥也夫人有恥在大足以戰在小足以守矣然戰勝易守勝難故曰天下戰國五勝者禍四勝者弊三勝者霸二勝者王一勝者帝是以數勝得天下者稀以亡者衆

孫履恒曰：武子云兵久而國利者未之有也。主不可以怒而興師。將不可以慍而致戰。正與五勝者禍四勝者弊相合。夫差、齊湣、項羽之亾。皆繇戰勝而不知守勝也。然圖國首條曰大戰七十六全戰六十四則又大悖此矣。孰誣之哉。

吳子曰：凡兵之所起者有五。一曰爭名。二曰爭利。三曰積惡。四曰内亂。五曰因饑。其名又有五。一曰義兵。二曰強兵。三曰剛兵。四曰暴兵。五曰逆兵。禁暴救亂曰義。恃衆以伐曰強。因怒興師曰剛。棄禮貪利曰暴。國亂人疲舉事動衆曰逆。五者之服各有其道。義必以禮服。強必以謙服。剛必以辭服。暴必以詐服。逆必以權服。

或問魏相諫伐匈奴有義兵應兵憤兵貪兵驕兵，與吳子所言一同四異。何與。曰兵只有義兵。二子各隨時起見。吳子處戰國之世。諸侯大并小。衆暴寡。強兵剛兵暴兵逆兵皆所謂貪兵也。魏相當全盛之朝單于稽顙莎車傳首而猶欲乘奴衰弱擊其右地義耶非耶魏相所以補袞宣帝因之轉圜其於國計民生豈小補哉蓋禁亂誅暴帝王可行於創業不可行於守成可行於屬國不可行於外夷魏相之言可爲相天下者法也義以禮服如屈完定召陵之盟強以謙服如文種求行成之語剄以辭服如展禽犒孝公之師暴以詐服如顏率欺齊以遏秦逆以權服如弦高以乘韋先牛十二隨

機應變因時制宜應即義也何必禁暴救亂而後謂之義乎

武侯問曰願聞治兵料人固國之道起對曰古之明王必謹君臣之禮飾上下之儀安集吏民順俗而教簡募良材以備不虞昔齊桓募士五萬以霸諸侯晉文召為前行四萬以獲其志秦穆置陷陳三萬以服隣敵故強國之君必料其民民有膽勇氣力者聚為一卒樂以進戰効力以顯其忠勇者聚為一卒能踰

高超遠輕足善走者聚爲一卒王臣失位而欲見功於上者聚爲一卒棄其城守欲除其醜者聚爲一卒此五者軍之練銳也有此三千人内出可以决圍外入可以屠城矣

孫臏恒曰武子地形云兵無選鋒曰北武安對昭王云設疑兵以持韓陣而專軍并銳觸魏之不意夫鋒卽銳也銳卽奇也兵非奇不勝非銳不奇然齊桓晉文秦穆如此而起只用三千人想其正兵

練弱爲強至死不北此三千人乗酣突擊故所當者破所擊者滅已練鋭矣以鋭遇鋭兩敗俱傷奈何避實擊虚如庖丁解牛芒刄不鈍斯善用鋭者哉

武侯嘗謀事羣臣莫能及罷朝而有喜色起進曰昔楚莊王嘗謀事群臣莫能及罷朝而有憂色申公問曰君有憂色何也曰寡人聞之世不絶聖國不乏賢能得其師者王能得其友者覇今寡人不才而羣臣

莫及者楚國其殆矣此楚莊王之所憂而君悅之臣竊懼矣於是武侯有慚色

孫履恒曰吳起因事納忠如浮西河君有美哉之嘆曰在德不在險及罷朝有喜色引楚莊王以諫曰臣竊懼矣此皆有道之言非僅兵家者流也抑聞之莊王聽朝罷宴樊姬迎慰饑倦王曰聽忠賢之言不知饑倦也問所謂忠賢王曰沈令尹也樊姬掩口而咲曰妾侍于王十有一年未嘗不遣人

之梁鄭之間求美人而進之王也與妾同列者十人賢於妾者二人豈不欲擅王之寵哉不敢以私願蔽衆美令沈令尹相楚數年矣未嘗見進賢退不肖也又焉得爲忠賢乎王旦以樊姬之言告沈令尹令尹避席而進孫叔敖楚國以霸有樊姬能及王因有叔敖能及王故楚史援筆而書之曰楚之霸樊姬之力也此可爲吳子對君文獻

或問堯舜其臣不及則奈何曰聖人亦有不知不

能。禹治水。益掌火。稷樹藝。契典禮。夔典樂。咎繇作士。各極其至。皆聖也。尚有不及乎後之爲堯舜者。應不出此矣。

料敵第二

武侯謂吳起曰今秦脅吾西楚帶吾南趙衝吾北齊臨吾東燕絶吾後韓據吾前六國之兵四守勢甚不便憂此奈何起對曰夫安國家之道先戒爲寶今君已戒禍其遠矣臣請論六國之俗夫齊陳重而不堅秦陳散而自鬬楚陳整而不久燕陳守而不走三晉陳治而不用夫齊性剛其國富君臣驕奢而簡於細民其政寬而祿不均一陳兩心前重後輕故重而不

堅擊此之道必三分之獵其左右脇而從之其陳可壞秦性強其地險其政嚴其賞罰信其人不讓皆有鬬心故散而自戰擊此之道必先示之以利而引去之士貪於得而離其將乘乖獵散設伏投機其將可取楚性弱其地廣其政騷其民疲故整而不久擊此之道襲亂其屯先奪其氣輕進速退弊而勞之勿與爭戰其軍可敗燕性慤其民慎好勇義寡詐謀故守而不走擊此之道觸而迫之陵而遠之馳而後之則

上疑而下懼謹我車騎必避之路其將可虜三晉者中國也其性和其政平其民疲於戰習於兵輕其將薄其祿士無死志故曰治而不用擊此之道阻陳而壓之衆來則拒之去則追之以倦其師此其勢也然則一軍之中必有虎賁之士力輕扛鼎足輕戎馬搴旗斬將必有能者若此之等別而選之愛而貴之是謂軍命其有工用五兵材力健疾志在吞敵者必加其爵列可以決戰厚其父母妻子勸賞畏罰此堅陳

之士可與持久能審料此可以擊倍武侯曰善吳子曰凡料敵有不卜而與之戰者八一曰疾風大寒早興寤遷剖冰濟水不憚艱難二曰盛夏炎熱晏興無間行驅饑渴務以取遠三曰師既淹久糧食無有百姓怨怒妖祥數起上不能止四曰軍資既竭薪芻既寡天多陰雨欲掠無所五曰徒衆不多水地不利人馬疾疫四鄰不至六曰道遠日暮士衆勞懼倦而未食解甲而息七曰將薄吏輕士卒不固三軍數驚師

徒無助八曰陣而未定舍而未畢行阪涉險半隱半
出敵如此者擊之勿從有不占而避之者六一曰土
地廣大人民富衆二曰上愛其下惠施流布三曰賞
信刑察發必得時四曰陳功居列任賢使能五曰師
徒之衆甲兵之精六曰四隣之助大國之援凡此不
如敵人避之勿疑所謂見可而進知難而退也
孫履恒曰自六國之俗論之當時秦兵已寖強矣
累世勵精混一區宇第以力取之不以仁守之戕

生民之命，傷天地之和，故隨六王隕滅。所謂不仁而得天下者，未之有也。先戒爲寶，一語千古石畫。太公所謂以戒爲固，一軍之中至能審料，此可以擊倍，卽練銳也。此吳子用兵命脉，命胍既全，見可而進，知難而退，百戰不殆矣。

武侯問曰：吾欲觀敵之外以知其内，察其進以知其止，以定勝負，可得聞乎？起對曰：敵人之來，蕩蕩無慮，旌旗煩亂，人馬數顧，一可擊十，必使無措。諸侯未會，

君臣未和溝壘未成禁令未施三軍洶洶欲前不能欲止不敢以半擊倍百戰不殆

孫履恒曰蕩蕩無慮旌旗煩亂人馬數顧此無制之兵無能之將也故可以一擊十諸侯未會君臣未和卽圖國所謂四不和溝壘未成禁令未施卽下所謂敵人新至行列未定三軍洶洶欲前不能欲止不敢卽戰車所謂前徃而疑後徃而怯犯此三可擊故曰以半擊倍

此與犬韜武鋒大同

武侯問敵必可擊之道起對曰用兵必須審敵虛實而趨其危敵人遠來新至行列未定可擊既食未設備可擊奔走可擊勤勞可擊未得地利可擊失時不從可擊涉長道後行未息可擊涉水半渡可擊險道狹路可擊旌旗亂動可擊陳數移動可擊將離士卒可擊心怖可擊凡若此者選鋭衝之分兵繼之急擊勿疑

孫履恒曰審虛實而趨其危此吳子妙訣亦千古

訣訣不可失也。然知敵之可擊，而不知我士卒之不可擊，仍是危道。故必用選鋭。選鋭如太阿出匣，數用則鈍兵挫鋭，故又繼之以兵有迹及之利，無缺折之虞，斯稱善用鋭矣。或曰：數言可擊，何不先大衆而繼選鋭？曰：趨危在呼吸之間，大衆未易結陣，惟選鋭可以突出，此奇兵也。

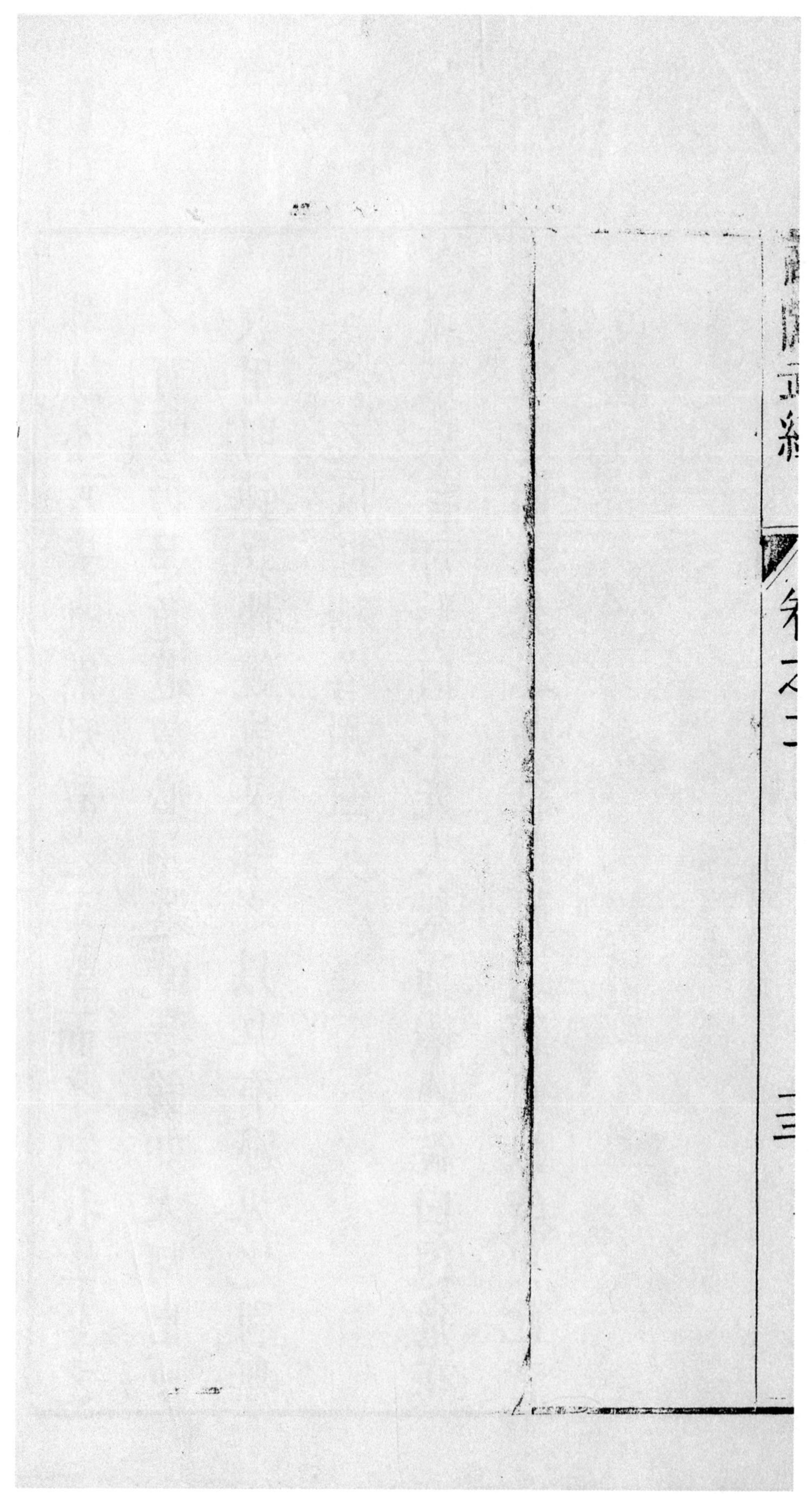

治兵第三

武侯問曰用兵之道何先起對曰先明四輕二重一信曰何謂也對曰使地輕馬馬輕車車輕人人輕戰明知險易則地輕馬芻秣以時則馬輕車膏鐧有餘則車輕人鋒銳甲堅則人輕戰進有重賞退有重刑行之以信審能達此勝之主也

孫履恒曰明知險易即犬韜騎貴知別徑奇道之說芻秣以時即末段遣水草節饑飽之類膏鐧有

一餘卽田單宗人以鐵籠得全之效鋒銳甲堅卽畾錯兵不堅利與其卒與敵也之反至於信賞必罰七書中多詳之矣

武侯問曰兵何以爲勝起對曰以治爲勝又問曰不在衆乎對曰法令不明賞罰不信金之不止鼓之不進雖有百萬何益於用所謂治者居則有禮動則有威進不可當退不可追前郄有節左右應麾雖絕成陣雖散成行與之安與之危其衆可合而不可離可

用而不可疲投之所往天下莫當名曰父子之兵

孫履恒曰兵之治者全在進有重賞退有重刑行之以信自然居有禮動有威而進退前郤左右無所不可名之曰父子之兵則一信中有一段視卒如嬰兒視卒如愛子之意乎或曰八千子弟致垓下之敗君子六千人成沼吳之功何與曰勾踐嘗二十年之膽乘夫差伐齊長晉之鈍項籍恃七十戰之捷當漢祖淮陰衆諸侯之合此勝敗之分也

故劍數擊則折，弓數挽則撥，馬數走則佚，力數用則罷，心數慮則竭。藏之，弛之，養之，逸之，凝之，而子弟之捍父兄盡其用矣。然項籍非有八千子弟，安得橫行數年？勾踐陰也，項籍陽也。齒堅於舌而先之斃，知言哉。

吳子曰：凡行軍之道，無犯進止之節，無失飲食之適，無絕人馬之力。此三者，所以任其上令。任其上令，則治之所由生也。若進止不度，飲食不適，馬疲人倦而

不解舍所以不任其上令上令既廢以居則亂以戰則敗

孫履恒曰知進止之節則能以治待亂得飲食之適則能以飽待饑養人馬之力則能以逸待勞以此衆戰何戰不克一違此法能任上令乎任者如身肩重擔既迷道路復忍饑渴又當疲病雖忠臣至此亦曰臣力竭矣可奈何哉念之念之

吳子曰凡兵戰之場止屍之地必死則生幸生則死

其善將者如坐漏船之中伏燒屋之下使智者不及謀勇者不及怒受敵可也故曰用兵之害猶豫最大三軍之灾生於狐疑

孫履恒曰吳子兵戰即武子軍爭如坐漏舡伏燒屋即侵掠如火動如雷霆或曰九變云必死可殺此云必死則生孫吳豈相悖哉曰必死可殺如都虞侯趙立戰死復蘇率殘兵復徐州奉詔勤王將兵三萬趨行在及知楚州金人邀之淮陰衆勸還

徐立奮勇直前轉戰四十里矢貫兩頰兀朮將歸假道於楚立斬其使兀朮怒設南北兩屯絕楚糧道詔援不至登磴道以觀飛礟中首曰吾終不能爲國殄賊矣言訖而絕使知彼知巳則使可不斬歸可尾擊立忘其身以急其君故殺也必死則生如皇甫遇與慕容彥超遇契丹大衆二將曰吾屬今走死無遺矣乃止布陣力戰百餘合馬斃杜知敏以所乘授之戰稍解顧知敏巳爲契丹所擒躍

馬入陣取知敏以出日且暮安陽諸將怪覘兵不至審琦出救從恩阻之琦曰坐失皇甫太師何顏以見天子遂逾水而進葬丹解去使三將一有生之心無死之氣則前軍既覆後軍自潰惟千夫致命萬夫辟易故生也然一曰可一曰則殺者什一生者什九成敗未可槪英雄也

吳子曰夫人常死其所不能敗其所不便故用兵之法教戒爲先一人學戰教成十人十人學戰教成百

人百人學戰教成千人千人學戰教成萬人萬人學戰教成三軍以近待遠以佚待勞以飽待饑圓而方之坐而起之行而止之左而右之前而後之分而合之結而解之每變皆習乃授其兵是謂將事

孫臏恒曰能不能便不便之相去遠矣長年三老乘風波湍瀨如履平地嘗之居民而懼矣當之書生而覆矣乃以召募莱傭當奴虜長技豈不危哉

或曰以不教民戰是謂棄之孔之教與吳之教相

若否曰孔之教容民畜衆吳之教攻殺擊刺雖然孔子使子路治賦稱王孫賈治軍旅則必使吳起治兵徒曰仁者無敵則太王何以事狄文王何以事獯鬻也

吳子曰教戰之令短者持矛戟長者持弓弩强者持旌旗勇者持金鼓弱者給厮役智者爲謀主鄉里相比什伍相保一鼓整兵二鼓習陳三鼓趨食四鼓嚴辨五鼓就行聞鼓聲合然後舉旗

孫履恒曰長短強弱智勇隨材踞使寘所謂官人猶用木天下無棄材矣不然拙於用大即智勇不能効況其下者鄉里相比則人有救護之情什伍相保則隊無逃亾之患然一鼓整兵矣二鼓習陣乃在趨食嚴辦就行之前恐中有顛倒高明者商之　或曰短者長者弱者智者所處當矣旌旗用強金鼓用勇不悮此強勇與曰三軍視聽全在旗鼓非強則靡非勇則亂可弱怯歟

武侯問曰三軍進止豈有道乎起對曰無當天竈無當龍頭天竈者大谷之口龍頭者大山之端必左青龍右白虎前朱雀後玄武招搖在上從事於下將戰之時審候風所從來風順致呼而從之風逆堅陳以待之

孫履恒曰天之烈熖在竈龍之剛猛在首行軍者皆不可犯左青龍右白虎前朱雀後玄武此四正之陣安營亦照陣法也招搖雲旗北斗第七星之

名大將居中運旋，以招四面八方，所謂招摇在上，從事於下，地之勢在山，天之勢在風，順則得勢，逆則失勢，此理甚明，不可不從也。或曰：風逆堅陣是已，若大風竟日，士卒膽戰力疲，安能堅陣？曰：妙在審候。軍中必有望氣色之輩，氣色不順而出軍布陣，何以爲將？若已布陣而稍見逆徵，則當出奇間道，從後掩擊，庶反逆爲順矣。

武侯問曰：凡畜卒騎，豈有方乎？起對曰：夫馬必安其處所適其水草節其饑飽冬則温廐夏則凉廡刻剔毛鬣謹落四下戢其耳目無令驚駭習其馳逐閑其進止人馬相親然後可使車騎之具鞍勒御轡必令堅完凡馬不傷於末必傷於始不傷於饑必傷於飽日暮道遠必數上下寧勞於人慎勿勞馬常令有餘備敵覆我能明此者横行天下

孫履恒曰治兵八則語語切實後一條似淺近然兵以騎爲奇奇以馬爲命可不講於畜之之道嘗

觀京軍之馬大雪深更候人催喚饑寒切骨糟粕爲粱馬戸養之如乱龍京軍畜之如癩子不直無以應緩急抑亦何故費冏金觀馬必安其處所一十三語而知吳子之騎兵能保十勝矣叚于有云馬千里之馬服千里之服而難千里之行以纆牵長也則鞍勒御轡必令堅完而知吳子之騎兵必無九敗矣

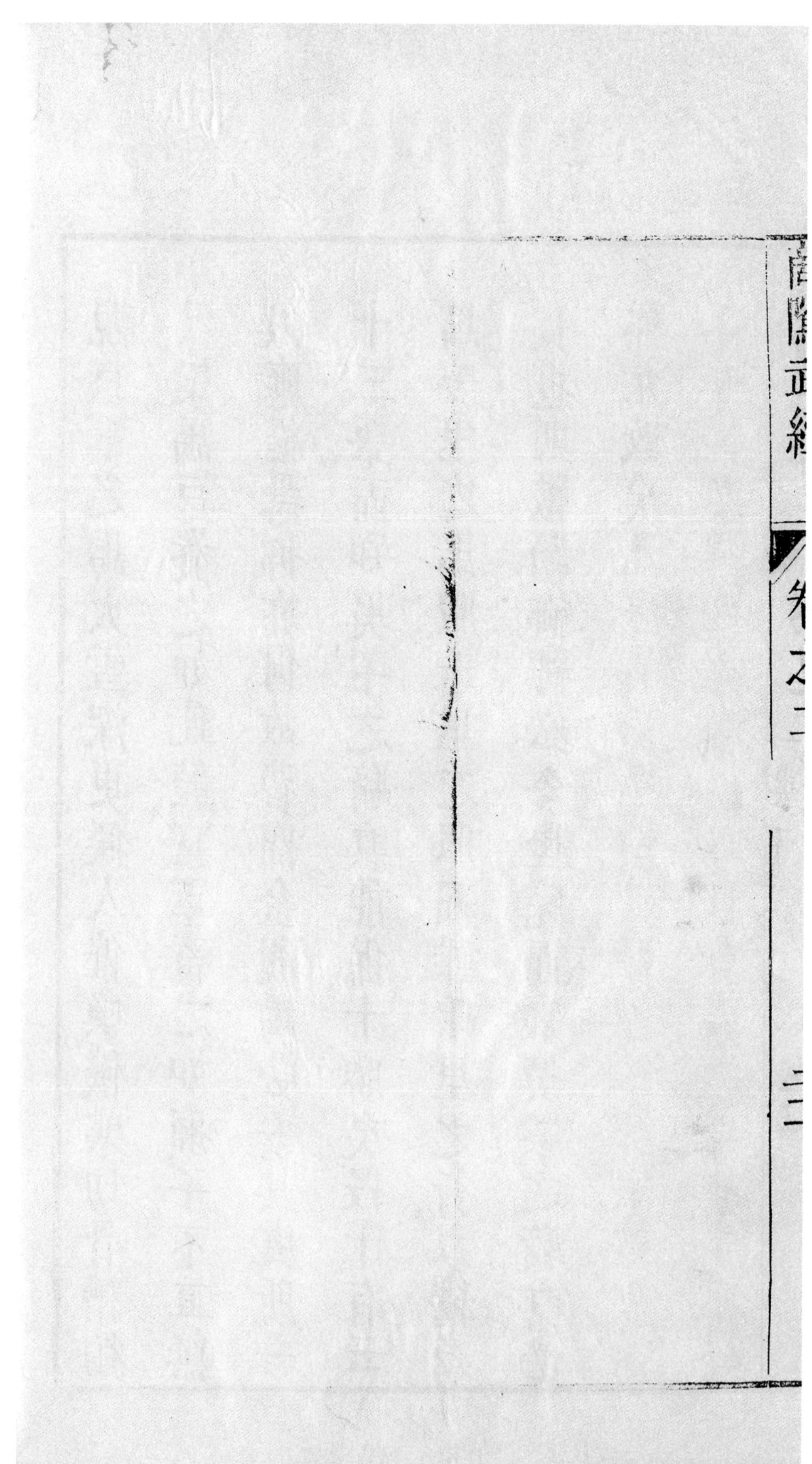

論將第四

吳子曰夫總文武者軍之將也兼剛柔者兵之事也凡人論將常觀於勇勇之於將乃數分之一爾夫勇者必輕合輕合而不知利未可也故將之所慎者五一曰理二曰備三曰果四曰戒五曰約理者治衆如治寡備者出門如見敵果者臨敵不懷生戒者雖克如始戰約者法令省而不煩受命而不辭家破敵而後言返將之禮也故師出之日有死之榮無生之辱

孫履恒曰武而不能文剛而不能柔此先登陷陣一勇之夫非三軍之帥或曰料敵首則先戒爲實此四曰戒何與曰先戒爲實君心之兢業治衆如治寡將心之條理不先理而先戒畏首畏尾身其餘幾孫子兵勢云治衆如治寡分數是也理原是第一義起就君問而將順之寧不云先曰將軍法令如國家律令可省約與曰法令詳則犯法多雖憂將不得寬貸故約以聽其可守若令之所不詳

則知趙奢問之軍正必而弗煩所以放人膽畧寬人手足

吳子曰凡兵有四機一曰氣機二曰地機三曰事機四曰力機三軍之衆百萬之師張設輕重在於一人是謂氣機路狹道險名山大塞十夫所守千夫不過是謂地機善行間諜輕兵往來分散其衆使其君臣相怨上下相咎是謂事機車堅管轄舟利櫓楫士習戰陣馬閑馳逐是謂力機知此四者乃可爲將然其

威德仁勇必足以率下安衆怖敵決疑施令而下不敢犯所在而寇不敢敵得之國强去之國亡是謂良將

或曰將者智信仁勇嚴也今言威德仁勇而不及智信嚴何與曰四機運用妙全在智不信不嚴威何從立

吳子曰夫鼙鼓金鐸所以威耳旌旗麾幟所以威目禁令刑罰所以威心耳威於聲不可不淸目威於色

不可不明心威於刑不可不嚴三者不立雖有其國必敗於敵故曰將之所麾莫不從移將之所指莫不前死。

孫履恒曰三威字總重在威心然無威德仁勇而徒恃禁令刑罰軍心不威故四機緊接威德仁勇而禁令刑罰在後不然趙括爲將軍吏莫敢仰視足以率下安衆怖敵決疑否。

吳子曰凡戰之要必先占其將而察其才因其形而

用其權則不勞而功舉其將愚而信人可詐而誘貪而忽名可貨而賂輕變無謀可勞而困上富而驕下貪而怨可離而間進退多疑其衆無依可震而走士輕其將而有歸志塞易開險可邀而取進道易退道難可來而前進道險退道易可薄而擊居軍下濕水無所通霖雨數至可灌而沉居軍荒澤草楚幽穢飈風數至可焚而滅停久不移將士懈怠其軍不備可潛而襲

或曰占將如此必勝在我否曰可謂知彼矣而不知吾卒之可擊不可擊地形之可擊不可擊此所謂勝之半也故曰可不曰必與料敵卒章可擊畧同

武侯問曰兩軍相望不知其將我欲相之其術如何曰令賤而勇者將輕鋭以嘗之務於北無務於得觀敵之來一坐一起其政以理其追北佯爲不及其見利佯爲不知如此將者名爲智將勿與戰矣若其衆

喧譁旌旗煩亂其卒自行自止其兵或縱或横其追北恐不及見利恐不得此爲愚將雖衆可獲

或曰嘗敵以相智愚既務北不務得何必勇又何必賤而勇曰怯者畏死不能前貴者惜名不肯北

應變第五

武侯問曰車堅馬良將勇兵強卒遇敵人亂而失行則如之何起對曰凡戰之法晝以旌旗旛麾爲節夜以金鼓笳笛爲節麾左而左麾右而右鼓之則進金之則止一吹而行再吹而聚不從令者誅三軍服威士卒用命則戰無強敵攻無堅陳矣

孫履恒曰車堅馬良將勇兵強此天下之勁師也先設已奪敵氣敵烏敢卒至吾奚至亂行其亂行

者必其平日無節制者也豈有無節制之兵而謂之勇謂之強乎哉武侯之問過矣荅云晝以旌旗旛麾爲節夜以金鼓笳笛爲節夫晝豈無金鼓然晝有旌旗可見而夜無旌旗可見故分析言之麾左而左麾右而右正治兵所謂前却有節左右應麾雖絶成陣雖散成行當其卒有卒之治夫何憂乎亂

武侯問曰若敵衆我寡爲之奈何起對曰避之於易

邀之於阨故曰以一擊十莫善於阨以十擊百莫善於險以千擊萬莫善於阻今有少卒卒起擊金鳴鼓於阨路雖有大衆莫不驚動故曰用衆者務易用寡者務隘

或曰邀之於阨總是以一擊十連下三段有分别否曰阨如渡水踰嶺惟恐失墜險如山谿城郭自上臨下阻如阻山阻水自下趨上然吳子語意不過三番四覆欲人避之於易邀之於險合豹韜少

衆觀之更明且盡

武侯問曰有師甚衆旣武且勇背大阻險右山阻水深溝高壘守以強弩退如山移進如風雨糧食又多難與長守則如之何起對曰大哉問乎此非車騎之力聖人之謀也能備千乘萬騎兼之徒步分爲五軍各軍一衢五軍五衢敵人必惑莫之所加敵若堅守以固其兵急行間諜以觀其慮彼聽吾說解之而去不聽吾說斬使焚書分爲五戰戰勝勿追不勝疾走

如是佯北安行疾鬬一結其前一絶其後兩軍銜枚或左或右而襲其處五軍交至必有其利此擊強之道也○

孫臏恒曰武侯所問有師甚衆等語將有能矣地利得矣兵衆強矣法令行士卒練賞罰明矣此齊晉秦楚之盛也必勢均力敵而後可出奇制勝故曰能備千乘萬騎兼之徒步蓋奕碁二國手不得受一着先者而猥云以少擊衆不知兵者也少之

擊衆必避之於易邀之於阨邀之不得則下之而已或曰強而暴者其可下乎曰強而暴必不能如是雄矣齊桓晉文楚莊秦穆皆可以謙下者下之不得其如夏后相之修德乎處不重席食不貳味琴瑟不張鍾鼓不修子女不飾親親長長尊賢使能朞年而有扈氏服擊強莫善於此武子所以始計之始曰主孰有道然非可以臨渴也豫之道勝焉

武侯問曰、敵近而薄我、欲去無路、我衆甚懼、爲之奈何。起對曰、爲此之術、若我衆彼寡、分而乘之、彼衆我寡、以方從之、從之無息、雖衆可服。

孫履恒曰、以方從之、意者避實擊虚乎。不然、敵薄我前、我擊其後、則解矣。

武侯問曰、若遇敵於谿谷之間、傍多險阻、彼衆我寡、爲之奈何。起對曰、遇諸丘陵林谷、深山大澤、疾行亟去、勿得從容。若高山深谷、卒然相遇、必先鼓譟而乘

之進弓與弩且射且虜審察其治亂則擊之勿疑

孫履恒曰先皷譟而乘之孫叔所謂寧我薄人無人薄我奪氣奪心皆在此矣

武侯問曰左右高山地甚狹迫卒遇敵人擊之不敢去之不得爲之奈何起對曰此謂谷戰雖衆不用募吾材士與敵相當輕足利兵以爲前行分車列騎隱於四傍相去數里無見其兵敵必堅陳進退不敢於是出旌列旆行出山外營之敵人必懼車騎挑之勿

令得休此谷戰之法也

或曰倉卒間可募材士乎曰練銳有素賞格必信一呼而應若桴擊鼓況輕利在前車騎在旁敵來有備我出不皇此所謂以暇整者也

武侯問曰我與敵相遇大水之澤傾輪沒轅水薄車騎舟楫不設進退不得爲之柰何起對曰此謂水戰無用車騎且畱其傍登高四望必得水情知其廣狹盡其淺深乃可爲奇以勝之敵若絕水半渡而擊之

孫履恒曰爲將須識地利以車騎入水澤而舟檝不設有是將乎登高遠目探其廣狹淺深則淮陰之擊且亭侯之淹禁皆可相機制勝審之審之

武侯問曰天久連雨馬陷車止四面受敵三軍驚駭爲之奈何起對曰凡用車者陰濕則停陽燥則起貴高賤下馳其強車若進若止必從其道敵人若起必逐其迹

孫履恒曰始計云一曰道二曰天則久雨陷止亦

將之過卽風雲不測而濕停燥起貴高賤下馳道
逐迹庸可違乎蓋嘗驗之春夏如秋冬天必降霪
晴明作濕熱雨必驟至而況蟻戶封商羊舞月離
畢鳩逐婦種種先徵何至受敵四面驚我三軍
武侯問曰暴寇卒來掠我田野取我牛羊則如之何
起對曰暴寇之來必慮其強善守勿應彼將暮去其
裝必重其心必恐還退務速必有不屬追而擊之其
兵可覆

孫履恒曰暴寇一段料敵形勢養我氣力乘恐懼而擊暮歸先後着絲毫不爽豹韜突戰不如此之守約而中機也禦奴虜者稟而行之其庶幾乎

吳子曰凡攻敵圍城之道城邑既破各入其宮御其祿秩收其器物軍之所至無刊其木發其屋取其粟殺其六畜燔其積聚示民無殘心其有請降許而安之

孫履恒曰破城何犒不得不利其有入宮三句在

官者也。得城誰守。不可不收其心。無刋五句。在民者也。至其許降。卽在安宇不惟不逞。幾并不受詐。何必坑長平四十萬乎。二起相去遠矣。或曰太公云。無燔人積聚。無毀人宫室冢樹社叢。勿伐降者。勿殺得而勿戮。視各入其宫。收其𪋁物。不更大欺。曰吳子所論。示破敵。勿慘。太公所論。沛王者無私。昔子産獻捷於晋曰。當陳隧者。井堙木刋。嗚呼。出爾反爾。自作自受。可不戒哉。

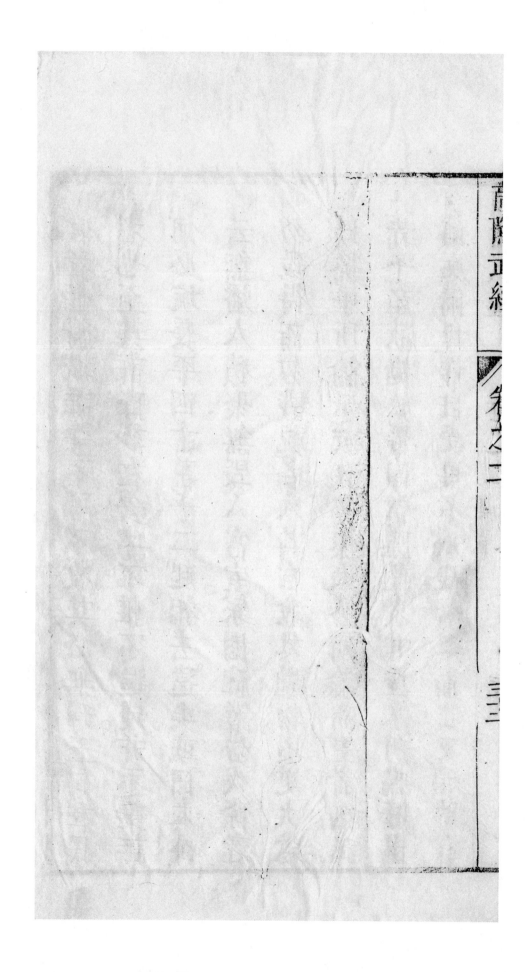

勵士第六

武侯問曰嚴刑明賞足以勝乎起對曰嚴明之事臣不能悉雖然非所恃也夫發號布令而人樂聞興師動衆而人樂戰交兵接刃而人樂死此三者人主之所恃也武侯曰致之奈何對曰君舉有功而進享之無功而勵之於是武侯設坐廟廷爲三行饗士大夫上功坐前行餚席兼重器上牢次功坐中行餚席器差減無功坐後行餚席無重器饗畢而出又頒賜有

功者父母妻子於廟門外亦以功爲差有死事之家歲使使者勞賜其父母著不忘於心行之三年秦人興師臨於西河魏士聞之不待吏令介胄而奮擊之者以數萬武侯召吳起而謂曰子前日之教行矣起對曰臣聞人有短長氣有盛衰君試發無功者五萬人臣請率以當之脱其不勝取笑於諸侯失權於天下矣今使一死賊伏於曠野千人追之莫不梟視狼顧何者恐其暴起害己也是以一人投命足懼千夫

今臣以五萬之衆而爲一死賊率以討之固難敵矣於是武侯從之兼車五百乘騎三千匹而破秦五十萬衆此厲士之功也先戰一日吳起令三軍曰諸吏士當從受敵車騎與徒若車不得車騎不得騎徒不得徒雖破軍皆無功故戰之日其令不煩而威震天下

孫履恒曰吳子兵法結重在厲士不悉何如以厲弟曰舉有功而進享之蓋有功蒙舉而無功自厲

斯術何昉尊賢尚功太公所以造齊也。乃後世有上吳而下孫者，一曰其圖國以和，教民以禮，治兵以信，較之孫子逞智尚謀不同。一曰在魯破齊，在魏破秦，在楚霸楚，孫之深遠不如吳之實用。抑何不㕘觀與孫曰道者令民與上同意，和之至也。令之以文，齊之以武，禮之至也。將者智信仁勇嚴，智至信次也。且武之用兵不入楚與，不破越與，入楚非武本謀而不奪闔廬之意者，爲子胥也。破越直在復雠而不救闔廬之傷者違歲星也總之論國手者當觀其敵手起之勝齊秦未聞其敵勍也武則申子出秦師矣范蠡兼文種矣故田單遇樂毅廉頗遇白起司馬遇諸葛兢兢堅壁惟恐夫耘之一當騎劫栗腹公孫淵摧枯破竹耳且夫緒餘以治國明哲以保身斯爲上智焉斯以談孫吳次序昔人誠有所見非苟而已

衰谷子商鷹武經七書卷之二

衷谷子商隲武經七書卷之三

吳湖孫履[illegible]立父著

司馬法

仁本第一

古者以仁爲本以義治之之謂正正不獲意則權權出於戰不出於中人是故殺人安人殺之可也攻其國愛其民攻之可也以戰止戰雖戰可也故仁見親義見說智見恃勇見方信見信內得愛焉所以守也

外得威焉所以戰也戰道不違時不歷民病所以愛吾民也不加喪不因凶所以愛夫其民也冬夏不興師所以兼愛其民也故國雖大好戰必亡天下雖安忘戰必危天下既平天子大愷春蒐秋獮諸侯春振旅秋治兵所以不忘戰也古者逐奔不過百步縱綏不過三舍是以明其禮也不窮不能而哀憐傷病是以明其仁也成列而鼓是以明其信也爭義不爭利是以明其義也又能舍服是以明其勇也知終知始

是以明其智也六德以時合教以爲民紀之道也自古之政也先王之治順天之道設地之宜官民之德而正名治物立國辯職以爵分祿諸侯說懷海外來服獄弭而兵寢聖德之至也其次賢王制禮樂法度乃作五刑興甲兵以討不義巡狩省方會諸侯考不同其有失命亂常悖德逆天之時而危有功之君徧告於諸侯彰明有罪乃告於皇天上帝日月星辰禱於后土四海神祇山川冢社乃告於先王然後冢宰

徵師於諸侯曰某國爲不道征之以某年月日師至於某國會天子正刑冢宰與百官布令於軍曰入罪人之地無暴神祇無行田獵無毁土功無燔牆屋無伐林木無取六畜禾黍器械見其老幼奉歸勿傷雖遇壯者不較（避諱）無敵敵若傷之醫藥歸之既誅有罪王及諸侯修正其國舉賢立明正復厥職王霸之所以治諸侯者六以土地形諸侯以政令平諸侯以禮信親諸侯以財力說諸侯以謀人維諸侯以兵革服諸

侯同利同患以合諸矦比小事大以和諸侯會之以
發禁者九憑弱犯寡則眚之賊賢害民則伐之暴內
陵外則壇之野荒民散則削之負固不服則侵之賊
殺其親則正之放弒其君則殘之犯令陵政則杜之
外內亂禽獸行則滅之

孫履恒曰仁本一篇總明王者用兵爲民非爲利
故緊援一義字國雖大好戰必亡天下雖安忘戰
必危此保國保天下之藥石銘之座右可也逐奔

二句仁者以防伏曹劌以克齊成列而鼓仁者以明信宋襄以取敗服而舍之仁者以樂天夫差以亡國弗可泥也必知始知終勝常在我則百步可成列可舍服可故仁義禮信勇妝之以智入罪人之地一十三語眞所謂殺人安人攻國愛民以戰止戰一腔惻隱溢於布令陳詞可對皇天后土可對神鬼先王犯禁諸侯不戰而巳奪其氣褫其魄矣非王者之師不及此

貴賤之倫經是下三句綱領倫倫序經經制

天子之義第二

天子之義必純取法天地而觀於先聖士庶之義必奉於父毋而正於君長故雖有明君士不先教不可用也古之教民必立貴賤之倫經使不相陵德義不相踰材技不相掩勇力不相犯故方同而意和也古者國容不入軍軍容不入國故德義不相踰上貴不伐之士不伐之士上之器也苟不伐則無求無求則不爭國中之聽必得其情軍旅之聽必得其宜故材

技不相掩從命爲士上賞犯命爲士上戮故勇力不相犯既致教其民然後謹選而使之事極修則百官給矣教極省則民興良矣習貫成則民體俗矣教化之至也古者逐奔不遠縱綏不及不遠則難誘不及則難陷以禮爲固以仁爲勝既勝之後其教可復是以君子貴之也有虞氏戒於國中欲民體其命也夏后氏誓於軍中欲民先成其慮也殷誓於軍門之外欲民先意以待事也周將交刃而誓之以致民志也

夏后氏正其德也未用兵之刃故其兵不襍殷義也始用兵之刃矣周力也盡用兵之刃矣夏賞於朝貴善也殷戮於市威不善也周賞於朝戮於市勸君子懼小人也三王彰其德一也兵不雜則不利長兵以衛短兵以守太長則難犯太短則不及太輕則鋭鋭則易亂太重則鈍鈍則不濟戎軍夏后氏曰鈎車先正也殷曰寅車先疾也周曰元戎先良也旂夏后氏玄首人之執也殷白天之義也周黃地之道也章夏

就是桀紂無貴犯命之理

后氏以日月尚明也殷以虎尚威也周以龍尚文也師多務威則民詘少威則民不勝上使民不得其義百姓不得其叙技用不得其利牛馬不得其任有司陵之此謂多威多威則民詘上不尊德而任詐慝不尊道而任勇力不貴用命而貴犯命不貴善行而貴暴行凌之有司此謂少威少威則民不勝軍旅以舒爲主舒則民力足雖交兵致刃徒不趨車不馳逐奔不踰列是以不亂軍旅之固不失行列之政不絕人

馬之力遲速不過誡命古者國容不入軍軍容不入國軍容入國則民德廢國容入軍則民德弱故在國言文而語温在朝恭以遜修己以待人不召不至不問不言難進易退在軍抗而立在行遂而果介者不拜兵車不式城上不趨危事不齒故禮與法表裏也文與武左右也古者賢王明民之德盡民之善故無廢德無簡民賞無所生罰無所試有虞氏不賞不罰而民可用至德也夏賞而不罰至教也殷罰而不賞

至大敗而後悔過夫差項羽其何及乎

至威也周以賞罰德衰也賞不踰時欲民速得爲善之利也罰不遷列欲民速覩爲不善之害也大捷不賞上下皆不伐善上苟不伐善則不驕矣下苟不伐善則必亡等矣上下不伐善若此讓之至也大敗不誅上下皆以不善在巳上苟以不善在巳必悔其過下苟以不善在巳必遠其罪上下分惡若此讓之至

籍

也古者戍軍三年不典覩民之勞也上下相報若此

作武

和之至也得意則凱歌示喜也偃伯靈臺答民之勞

示休也

孫履恒曰春生秋殺仁以象天地之生義以象天地之殺有生有殺不殺不生自然之理先聖一天地天子一先聖也發明天子之義故歷稱三代然其文柔而不勁寬而不切文人之揣摩非老將之指畫且後世之纂述非司馬之憲章如謂有虞氏戒於國中是也舜以命禹禹之明德遠矣殷因於夏周因於殷日新作新獨不欲民體其命與何以

誓軍中誓軍門外誓將交刃分別德義力也既分德義力矣何又曰三王彰其德一也既曰彰其德一矣何曰周以賞罰德衰也有虞氏洵至德矣曰不賞不罰皋陶何以云天命有德五服五章天討有罪五刑五用夫賞罰可偏任與周德雖衰豈在賞罰兼用禹無間然謂夏爲至教可也湯武未可優劣周司馬何以揚殷抑周也或曰司馬法乃齊威王使大夫追論古司馬兵法而附以穰苴論兵

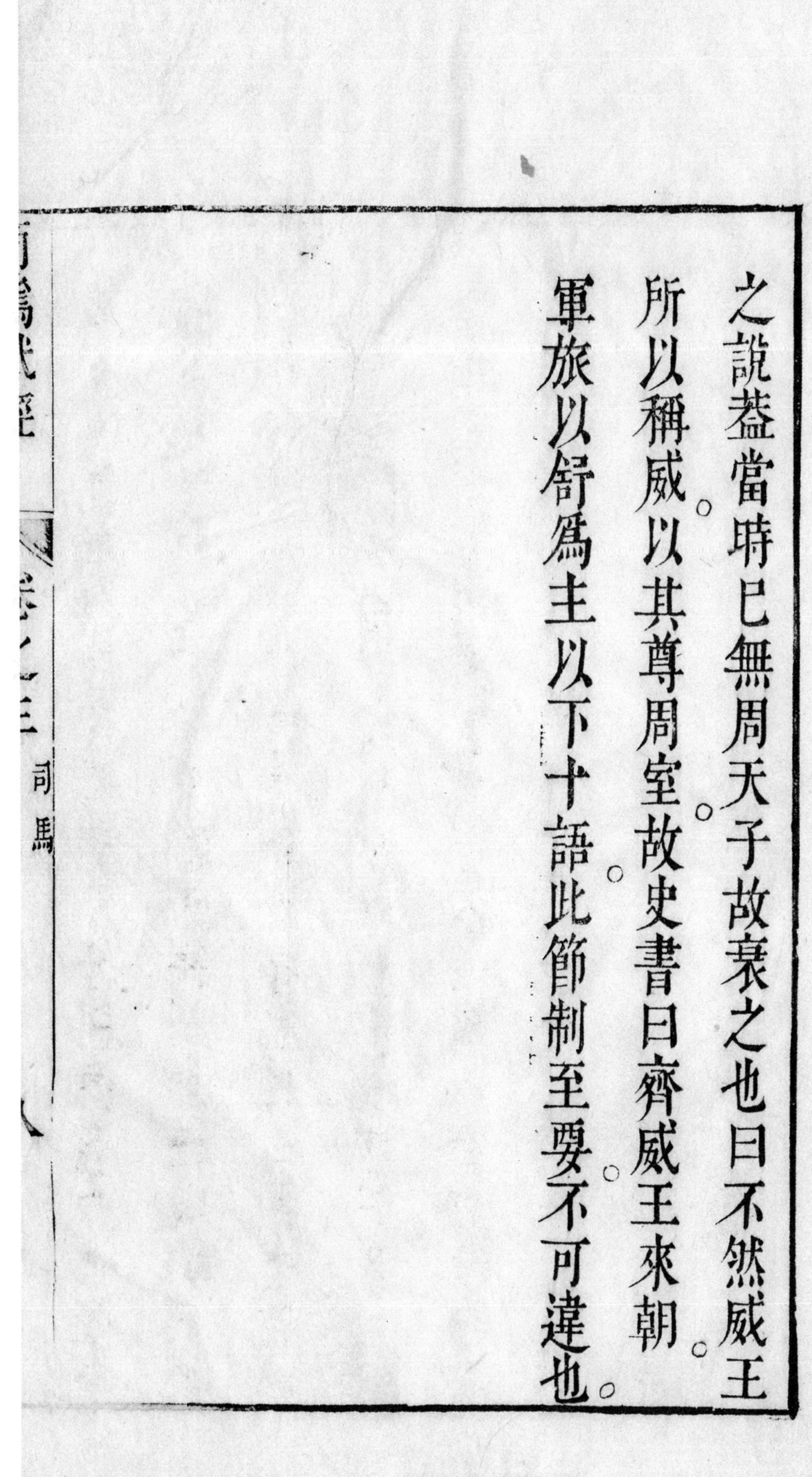

之說蓋當時已無周天子故褒之也曰不然威王所以稱威以其尊周室故史書曰齊威王來朝軍旅以舒爲主以下十語此節制至要不可違也

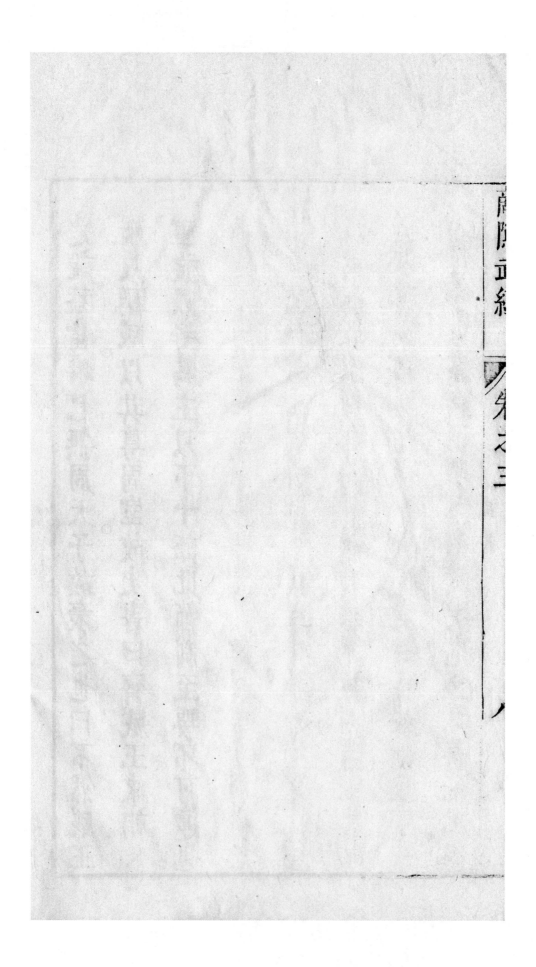

定爵第三

凡戰定爵位著功罪收游士申教令詢厥衆求厥技方慮極物變嫌推疑養力索巧因心之動

孫履恒曰定爵位則貴賤有等矣著功罪則勸懲交勵矣收游士則隣國可市矣申教令則大小奉法矣訊厥衆則芻蕘佐議矣求厥技則奇能輻輳矣方慮極物則精微在握矣變嫌推疑則上下一心矣養力索巧則暇豫無錯矣僃極九善而況因

心之動者志一動氣說以犯難不以全取勝於天下乎

凡戰固衆相利治亂進止服正成恥約法省罰小罪乃殺小罪勝大罪因

孫履恒曰固衆相利一語可概全書敵治則止敵亂則進是相利處服習正兵成就恥心是固衆處既曰約法省罰又曰小罪乃殺不自相矛盾與且殺小罪幾何不人人自危也意有訛焉或曰夫罪

莫小於監軍後期而莊賈誅是其法也曰此千古疑案子未之詳耳苴自以人微權輕願得君之寵臣國之所尊而監之夫將之掣肘莫甚於監軍豈有請監之理豈有既謂之監而可擅殺之理且國之寵尊朝中之羽翼凡幾君側之盤據凡幾而苴以新拜之將未有尺寸功誅之若一犬豕古今不甚相遠今之監軍可乎閫外之權莫重於督師當時八監並出督師敢一語忤一人否善乎衛公之

言曰臣未嘗戮一楊干誅一莊賈意亦有猜焉或曰然則無是公與何史氏誣至此也曰不然景之時田氏已無公矣賈必田爪牙之人景心腹之豎意者景以旨授苴苴以法誅賈曰然則武子之戮寵姬將無同曰智如武子豈不量試之婦人必有一唉而漫曰可是先設一殺之之心也且教戰不過綑打行軍乃有誅殺亦不得已而行之豈以人命爲戲存而勿論可也

順天阜財懌衆利地右兵是爲五慮順天奉時阜財因敵懌衆勉若利地守隘險阻右兵弓矢禦殳矛守戈戟助

孫履恒曰順天者非時不興也阜財者因糧於敵也懌衆者順若民心也利地者知險知阻也右兵者以弓矢遠禦以殳矛自守以戈戟協助也五者皆兵之至要不可不加意故曰五慮

凡五兵五當長以衛短短以救長迭戰則久皆戰則

龍見物與侔是謂兩之主固勉若視敵而舉

孫履恒曰上文五兵各有所當長短錯襍兩相衛救故迭戰者能知疊陣轉陣則雖自辰至酉可以不斃皆戰者能使三軍盡鬬則雖鈍兵弱卒皆足佐勝見物與侔四句一氣說敵有利器效而兩之所以奪其長亦可涸其軍堅固正兵若順衆心相視可擊用我兩之之術也

將心心也衆心心也馬牛車兵佚飽力也教惟豫戰

惟節將軍身也卒肢也伍指拇也

孫履恒曰將士欲其心一牛馬欲其力强然非教之以豫戰遳其節何以有此惟豫惟節則將卒士伍如身肢指拇之相爲用此之謂億萬一心

凡戰智也鬬勇也陳巧也用其所欲行其所能廢其不欲不能於敵反是

孫履恒曰凡戰之道用智勇之所欲行吾陣之所能智勇所不欲則廢而不用吾所不能則廢而不

行總之由我所長無由我所短也吳子不云乎夫人常死其所不能敗其所不便此吾所以欲敵之反也反之奈何善用間諜則得之矣

凡戰有天有財有善時日不遷龜勝微行是謂有天衆有有因生美是謂有財人習陳利極物以豫是謂有善人勉及任是謂樂人大軍以固多力以煩堪物簡治見物卒應是謂行豫輕車輕徒弓矢固禦是謂大軍密靜多內力是謂固陳因是進退是謂多力上

暇人教是謂煩陳然有以職是謂堪物因是辨物是謂簡治稱衆因地因敵令陳攻戰守進退止前後序車徒因是謂戰参不服不信不和怠疑猒懾枝柱詘頓肆崩緩是謂戰患驕驕懾懾吟曠虞懼事悔是謂毀折大小堅柔参伍衆寡凡兩是謂戰權

孫履恒曰穠苴文章大槩艱澁此段尤艱澀之甚者也且有上呼而下應者有似呼而似應者有不呼而下應者學者會其意取其精可也時日不遷

者甲子日可往亡日亦可不必有遷就也龜勝微行者卜筮罔不襲吉行事若有神助無往不順利也則謂有天而已衆有有因生美者因天之時因地之利因敵之糧羨之至也則謂有財而已人習陳利者士卒習知陣法習用利器極物以豫者備極人官之能豫設攻守之具則謂有人而已此皆上呼而下應者也人競勉力任事不俟刑威驅迫申明人習也大軍以固多力以煩堪物簡治見物

卒應是謂行豫又申明陳利極物以豫亦以起下也若夫車徒皆輕弓矢固禦又申明大軍大軍謹密安靜內伏材士武衝又申明以固因陣勢之固而相機進退又申明多力上暇而重人教而勤又申明以煩車步騎各任其職而無少虧欠又申明堪物因是堪物之人以辨衆物之長又申明簡治此皆似呼而似應者也至於稱衆之強弱因地之險易因敵之虛實而令陣或攻或戰或守進退有

止前後有亭車徒相因此臨戰之參詳有如行而不服言而不信舉而不和弛怠猜疑厭主懾敵枝指無用膠柱難鼓調抑不伸煩擾不靜卒情而肆大吏懟而自戰曰崩吏懟而崩救應遲緩此臨戰之大患驕者驕懾者懾呻吟喧嚝憂疑恐懼作事輒悔如枯木之無生氣不謂毀折乎能大能小能堅能柔或參或伍或衆或寡凡事執兩端而用之如神龍之不可測不謂戰權乎此皆不呼而下應者也

凡戰間遠觀邇因時因財貴信惡疑作兵義作事時使人惠見敵靜見亂暇見危難無忘其衆居國惠以信在軍廣以武刃上果以敏居國和在軍法刃上察居國見好在軍見方刃上見信

孫履恒曰凡戰之道遠則離間其輔助邇則觀望其虛實時利而後興師財裕而後動衆貴持必斷之意惡懷猶豫之心以忠義振作士氣以時宜推移事理以恩惠固結人心見敵鎮靜則莫測見亂

暇豫則自定見危難與衆共嘗則危可平而難可易總之慈惠誠信所以居國廣大威武所以臨軍果敢英敏所以接刄又約言之則居國之中舉動必和乎在軍之中大小必法乎鋒鏑之上功罪必察乎惟能和所以見好惡之如親也惟能法所以見方守之畫一也惟能察所以見信麾之則應也

凡陳行惟疏戰惟密兵惟雜人教厚靜乃治威利章相守義則人勉慮多成則人服時中服厥次治物既

章目乃明慮既定心乃强進退無疑見敵無謀聽誅無誑其名無變其旌

孫履恒曰陣不疏則脈絡不滯至兵刃既接打做一團矣長短相褋則相濟如左右手矣人教厚者使什伍各相恤也靜乃治者禁喧譁則不亂也刑威章明惟義是守則人競勸勉矣動多遠慮凡事有成則軍心允服矣不違寒暑不倚愛憎則次第可治矣三軍之目視吾旗幟章之所以明之也三

軍之心恃吾計慮定之所以强之也是故進如風發退如雨散不可疑也多算在先見敵發機勿復謀也殺一人以震三軍卽均之有罪而誅以他事則惑矣縣一旌以聚三軍欲變服色而幷變前旌則眩矣

凡事善則長因古則行誓作章人乃强滅厲祥滅厲之道一曰義被之以信臨之以强成基一天下之形人莫不說是謂兼用其人一曰權成其溢奪其好我

自其外使自其内一曰人二曰政三曰辭四曰巧五曰火六曰水七曰兵是謂七政榮利耻死是謂四守容色積威不過改意凡此道也

孫履恒曰殺降屠城皆是惡事其報甚速善則長者與之相反也師心自用豈無一得得不償失因古則行聖作明述也言之無文行之不遠師直爲壯誓辭成章先聲奪人也然行軍所忌莫若厲祥厲祥者庸衆所惑是在滅之滅之之道夫豈索而

誅之、一曰義其目有三、被之以信臨之以强又據天下之形則厲祥亦莫不悅而反爲我用矣所謂正氣盛而邪氣消者也。一曰權其目有三、成其盈、蒲奪其好善我攻之於外使應之於內而厲祥之事不生於我軍而生於彼軍矣所謂鬼可役而神可驅者也至若七政並修四守交勵假容色以親人積刑威以動衆凡此五者皆滅厲之道也、

惟仁有親有仁無信反敗厥身

孫履恒曰仲尼論仁曰信則人任論帝王曰信則民任則信在仁中武子論將曰智信仁勇嚴則信反居仁上荀卿論將曰慶賞刑罰欲必以信則言信不言仁蓋自聖言之信即仁者眞懇之意惟信而後仁不虛浮浹於肌膚淪於骨髓自將言之信乃三軍有孚之威惟信而後仁不姑息令出惟行死且不北淮陰之料項王曰項王見人恭敬慈愛言語嘔嘔人有疾病涕泣分食飲至有功當封刻

忍弗能于此所謂婦人之仁噫反敗厥身此爲明鑑

人人正正辭辭火火

孫履恒曰人人者以人治人人不違所長也正正者正兵習正不教以奇也辭辭者辭人職辭不役我神也火火者火工治火不侵其官也如是而事務各得大將之精神其有餘裕乎

凡戰之道既作其氣因發其政假之以色道之以辭

因懼而戒因欲而事陷敵制地以職命之是謂戰法

孫臏佰曰凡戰之道既作其勇敢之氣因發其禁令之政而又和顏色以親之易其心以語之衆有懼心因而戒備衆之所欲因以行事臨陣陷敵因地制形命之曰勑哉夫子各盡乃職此戰法也

凡人之形由衆之求試以名行必善行之若行不行身自將之若行而行因使勿忘三乃成章人生之宜謂之法

孫履恒曰凡人之形容必由衆求之言貴廣也而人之名行必自我試之言貴覈也試之既善行之無疑片長必收也若我見可行而衆不能行則身自將之以率疑阻若我見可行衆復能行則使勿遺忘以集成事三乃成章者三令五申士卒服習而後成經卒之章也蓋立法不可強人必其與衆相宜而後行之軍軍從行之敵敵破

凡治亂之道一曰仁二曰信三曰直四曰一五曰義

六曰變七曰專

孫履恒曰仁如毋之保子信如時之必至直如乾之發動一如饑之待哺義如寒之授衣變如窮之轉換專如冬之氷合若此者我可以亂敵敵不可以亂我所謂紛紛紜紜鬬亂而不可亂者也

立法一曰受二曰法三曰立四曰疾五曰御其服六曰等其色七曰百官宜無淫服

孫履恒曰嚴刑峻法衆必不堪故先之容受而繼

之以法然軍政必素立毋至臨時出入行法必迅疾毋使人得請托御其服者甲胄親經驗試慮其脆也等其色者前後左右各認旗章防其溷也若淫服不禁則賣國之奸乘是而樹之招矣故禁之宜也

凡軍使法在己曰專與下畏法曰法軍無小聽戰無小利日成行微曰道

孫臏恒曰法者將受之君君受之天易曰遏惡揚

善順天休命而可專乎專則人之所惡主之所誅威多身躐可不戒哉故必與下畏法畏之如何受命忘家踰垠忘親指敵忘身進有重賞退有重刑與三軍共守此法然豈徒畏之必且成之小謀勿聽小利勿爭而終日乾乾以圖其成微乎微乎以神其行此畏之善道也

凡戰正不行則事專不服則法不相信則一若怠則動之若疑則變之若人不信上則行其不復自古之

政也

孫履恒曰正不行則事專此吾已信而無疑者也若有疑焉可專乎可法乎可一乎可動乎嘗試之奕矣行吾所明什得八九行吾所疑什不得一偶一得之非吾之得敵之失也荀卿不云乎遇敵决戰必道吾所明無道吾所疑必之爲戒深矣疑則變之變而適之易之道也

嚴位第四

凡戰之道位欲嚴政欲栗力欲窕氣欲閑心欲一

孫履恒曰前後左右有定位不得踰越尺寸斯之謂嚴賞功罰罪守軍政不敢出入毫釐斯之謂栗善治力者能使投石超距而不懈窕之至也善治氣者能使翕聚安靜而不散閑之至也善治心者能如手足首尾之相應一之至也

凡戰之道等道義立卒伍定行列正縱橫察名實立

進、俯坐進跪畏則密、危則坐、遠者視之則不畏、邇者勿視則不散、位下左右、下甲坐、誓徐行之位、逮徒甲、籌以輕重、振馬噪徒、甲畏亦密之、跪坐坐伏、則膝行而寬誓之、起噪鼓而進、則以鐸止之、銜枚誓糗、坐膝行而推之、執戮禁顧、噪以先之、若畏太甚、則勿戮殺、示以顏色、告之以所生、循省其職、

孫履恒曰此段舉教戰臨戰之法、合而言之、似難理會、凡戰之道、等道義之人、使居後督陳、不令遷

冐矢石也、教戰與臨戰大同、如周禮中冬教大閱曰如戰之陣、但曰危、曰畏、曰畏太甚、則教戰時不必有之也、其難解者遠者視之則不畏、或曰敵遠而令間視虛實、或曰敵遠而瞭視之、夫何以能不畏也、意者登高而下視敵乎其難讀者位下左右下甲、坐、誓徐行之、位逮徒甲、或曰卒伍之位、使在下之人分左右、又使在下之人皆披甲而坐、誓戒既畢、使徐徐而行、或曰兵事尚右、故位以左爲下、右位爲尊帶甲者居右之下跪而警戒行必徐緩愚以爲位者將軍之位下則左右將吏而左右將吏之下則帶甲之士皆使之坐以治力也而後戒誓誓畢徐行位遠徒甲籌以輕重者將軍行至徒甲籌其當用重兵當用輕兵而面諭之也跪坐坐伏則膝行而寬誓之者前誓既嚴再誓少寬若曰戰勝攻取國有重賞勉哉夫子趣譟鼓而進則以鐸止之教以進止也執戮禁顧譟以先之所以震

惰三軍也若畏太甚則勿戮殺留罪人之誅以定衆心也示以顏色告之以所生若曰自有必出但聽指麾也循省其職者危急存亡之際猶覈其職業勿使功掩罪匿所謂及上察也

凡三軍人戒分日人禁不息不可以分日方其疑可師可服

孫履恒曰軍機惟恐漏泄故戒令只在分日言半日也若人禁不息又當定之以豫可拘分日乎至

於敵方懷疑戰車所謂前徃而疑後徃而怯軍爭所謂將軍可奪心可師可服此其時矣

凡戰以力久以氣勝以固久以危勝本心固新氣勝以甲固以兵勝

孫臏恒曰善治力者可以持久善治氣者可以決勝夫治力非徒佚之也太佚則弛其有固之道乎曰收攝其精神結束其隊伍而可矣治氣非徒盛之也太盛則衰其有危之道乎常若伏戎在莽巨

寇乘墉而可矣然精言之力固又不如心固此民與上同意之說也氣過又不如氣新此朝氣銳晝氣惰之說也若粗言之則堅甲者自固之具而利兵者勝敵之器此鋒銳甲堅則人輕戰之說也

凡車以密固徒以坐固甲以重固兵以輕勝

孫履恒曰車以密固然太密則難旋徒以坐固然泥坐則可蹂甲以重固然太重則不窕兵以輕勝然太輕則易折總之因古則行而已

人有勝心惟敵之視人有畏心惟畏之視兩心交定兩利若一兩爲之職惟權視之

孫履恒曰惟敵之視立將所謂見其虛則進見其實則止惟畏之視攻權所謂畏我侮敵畏敵侮我勝畏之心既定則授虛侮敵兩利歸一然所以使之兩利俱得其職豈求之三軍哉視我之權耳權者權其如何而可進如何而侮敵

凡戰以輕行輕則危以重行重則無功以輕行重則

敗以重行輕則戰故戰相爲輕重

孫履恒曰大凡用兵太輕捷則有危道太持重亦無成功葢輕兵都捐貲重深入當堅守更有甚於危者故曰敗重兵日費千金持久則自困更不止於無功者故當戰可見奇不離正正不離奇此相爲輕重之旨也

舍謹兵甲行慎行列戰謹進止

孫履恒曰舍謹兵甲防襲擊也行慎行列虞卒犯

也戰謹進止嚴步伐也

凡戰敬則慊率則服上煩輕上暇重奏鼓輕舒鼓重服膚輕服美重

孫履恒曰凡戰敬慎則慊我志無有疎虞也身率則服人心無敢縮朒也煩擾足以疲民故不期輕而輕閒暇所以治力故不期重而重若夫奏鼓常輕與行俱疾也舒鼓常重與行俱遲也

凡馬車堅甲兵利輕乃重上同無獲上專多死上生

多疑上必不勝

孫履恒曰車堅兵利則敵難犯我而我可犯敵此兵之勝罷也故雖輕亦重苟同不可專擅不可必生不可必死不可同專生必之間偏着與調停俱非其與時宜之乎

凡人死愛必怒必威必義必利凡戰之道教約人輕必道約人必正

孫履恒曰必愛者父子之兵也必怒者報讎之兵

此兩段舊是一段今分之

也。虐威者節制之兵也。死義者感恩之兵也。死利者使貪之兵也。有一於此，前無橫陣。五者並用，天下莫當，皆教之所致也。然非教之以道，何以約之死正死變？猶有私恩，死正并無要結，所謂說以犯難，民忘其死，與上同意者乎。

凡戰若勝若否若天若人。

孫履恒曰：若，順也。凡戰，見勝則行，見否則止，并順天時人心，則得之矣。

然其血脈不貫也

凡戰三軍之戒無過三日一卒之警無過分日一人之禁無過皆息

孫履恒曰三軍之戒已見第三段太促則難徧太寬則易泄故惓惓致意不嫌重復皆息者待衆人俱息夜靜密授也

凡大善用本其次用末執畧守微本末惟權戰也

孫履恒曰大善用本如謀攻所謂伐謀伐交其次用末如行軍所謂處軍相敵執其謀畧守其微玅

緩則用本急則用末此爲戰道

凡勝三軍一人勝

孫履恒曰人以爲歸重在將吾以爲歸重在君夫將三軍司命不必言也

凡鼓鼓旌旗鼓車鼓馬鼓徒鼓兵鼓首鼓足七鼓兼齊

孫履恒曰旌旗車馬徒兵首足皆聽鼓聲信非勇者不可持而靡笄之戰郤克傷矢未絶鼓音是枹

在將手而張矦曰師之耳目在我旗鼓武議云吳起臨戰左右進劍起曰將者主旗鼓耳則將麾令旗而鼓動鼓動而衆鼓皆動衆旗皆起者乎

凡戰既固勿重重進勿盡凡盡危

孫履恒曰苻堅之敗重進盡也史稱堅兵六十餘萬融等三十萬先至潁口設使分爲三舍三伏以十萬駐淝水俟玄等半渡而擊之法所必勝即不然前軍不利接以中權接以後勁晉兵能無鈍乎

又不然前奔中止後止中退其成風聲鶴唳乎因病思方此因古則行之說也

凡戰非陳之難使人可陳難非使可陳難使人可用難非知之難行之難

孫履恒曰列陳非難使士識將心而可陳爲難非使人可陳難使進退止齊始卒不亂使人可用難然則八陣六花三才五行握奇斗底皆不難于知只難在行雖然知水火之不可蹈則必不蹈滑

陽之釣叟圯上之進履隴中之高卧皆默成于心而投之必中者也惟中智之士不得不實試之行事耳

人方有性性州異教成俗俗州異道化俗凡衆寡若勝若否兵不告利甲不告堅車不告固馬不告良衆不自多未獲道

孫履桓曰生心爲性性相近也然南方自柔北方自剛惟教可一之而成俗朝斯習斯棣于習也惟

道可變之而化俗不識不知反於性也然則兵可以教成可以道化亦明矣而何以有勝有不勝兵不利甲不堅車不固馬不良雖有衆而若無衆皆繇不知教道也

凡戰勝則與衆分善若將復戰則重賞罰若使不勝取過在已復戰則誓已居前無復先術勝否勿反是謂正則

極無情處喚得極有情妙妙

孫履恒曰善則分人過則歸已一言而已了矣獨

致意於復戰者非重賞罰則瘡痍不起非申戒令則精氣不醒非身犯難則怯弱不隨此乘敵不意而貫我餘勇智術所不及施勝否圖復皆當依此正則勿可反也

凡民以仁救以義戰以智決以勇鬬以信專以利勸以功勝故心中仁行中義堪物智也堪大勇也堪久信也讓以和人自洽自予以不循爭賢以爲人說其心効其力

孫履恒曰惟仁可以救民之難惟義可以激民之戰惟智可以決民之疑惟勇可以作民之鬭惟信可以約民之專惟利可以鼓民之勸惟錄有功可以致民之勝故仁義智勇信不可缺一讓以和者以利讓人而不自取也自予以不循爭賢以爲人者予巳以難爲之務而爭賢夫爲人不爲巳之人如此而羣心不說羣力不効者無有

凡戰擊其微靜避其强靜擊其勞倦避其閒窕擊其

大懼避其小懼自古之政也

孫履恒曰孫子謀攻之説不一盡於避實擊虚吴子料敵之説不一括於審虚實而趨其危此言微静者虚而似實强静者實而似虚兩相反也勞倦者雖實亦虚閒窕者雖虚亦實兩相反也大懼則虚而危小懼則危而實兩相反也故三擊之三避之合孫吴而揣摩凡戰必勝矣

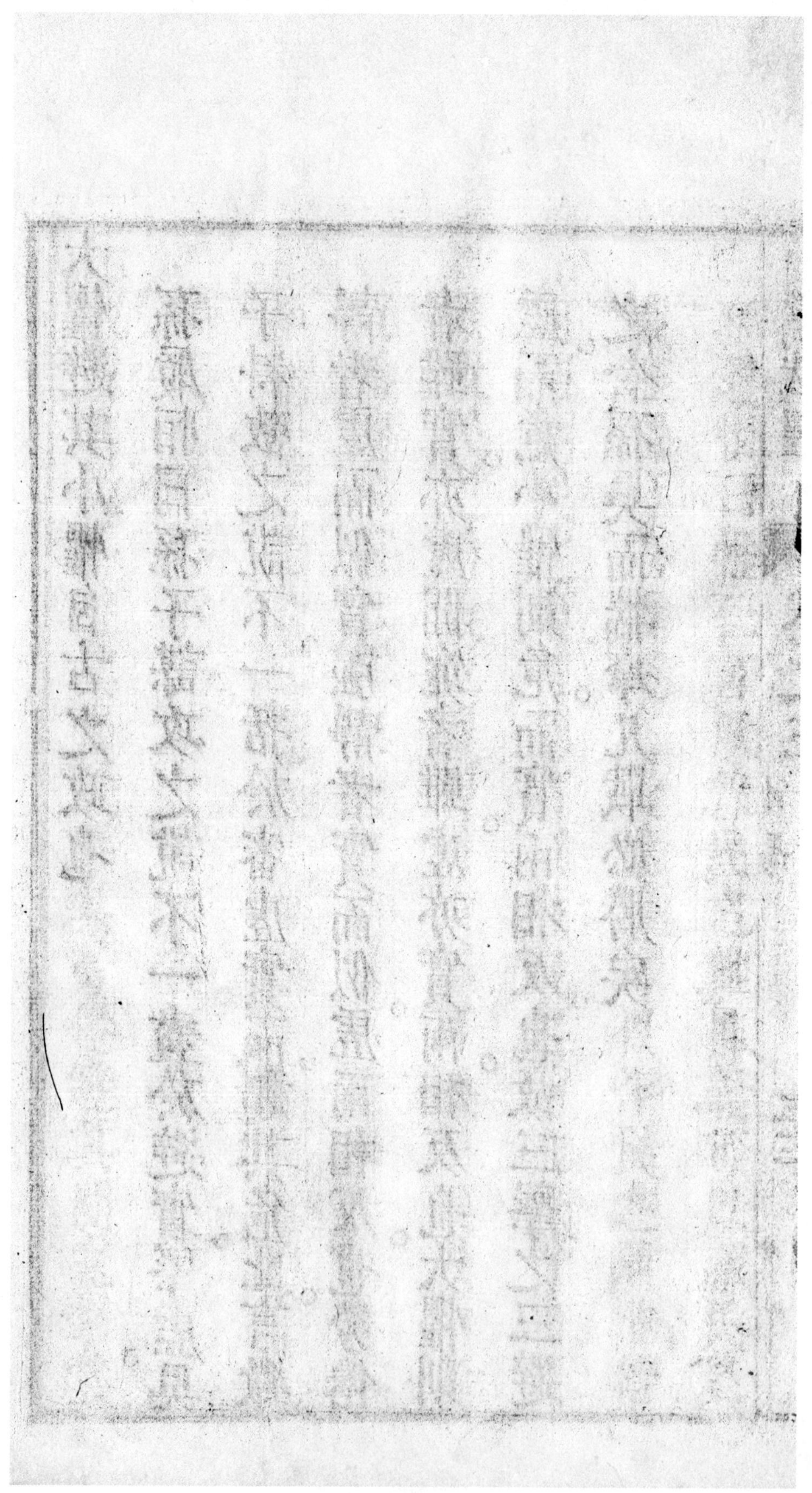

用衆第五

凡戰之道用寡固用衆治寡利煩衆利正用衆進止用寡進退衆以合寡則遠裹而闕之若分而迭擊寡以待衆若衆疑之則自用之擅利則釋旗迎而反之敵若衆則相衆而受裹敵若寡若畏則避之開之

孫履恒曰用寡固者專而不分雖寡亦勁用衆治者整而不亂多多益善寡利煩者設疑挑戰煩數分應莫測所爲也衆利正者大軍以固堂堂之陣

司馬

正正之旗也用衆進止者前進中止中進後止以便轉軍也用寡進退者趨利避害倏進倏退弗當大敵也衆以合寡則遠褁而鬬之者圍師必闕投生則亂致死則傷也若分而迭擊寡以待衆若衆疑則自用以佚待勞以飽待饑也擅利則釋旗迎而反之者地利在敵則引而去之地利在我將輕銳以嘗之誘入我彀中也敵若衆則相衆而受褁者相已相敵可以死戰則置之死地也敵若寡若

畏避之開之者知吾寡而受衆則知敵寡之當開矣解雖如此然寡利煩與用寡固相反相衆受衆與用寡進退相反避之開之與嚴位擊其大懼相反法且不拘吾可泥法乎學者自有玅悟可也

凡戰背風背高右高左險歷沛歷圮兼舍環龜

孫臏怕曰背風借天之助所謂風順致呼而從之背高乗地之勢所謂轉圓石於千仭之山右高用手之便所謂處其高陽而右背之左陰居上臨下

所謂一夫守險千夫莫過歷沛歷圯桂灌防疾所謂圯地則行深山大澤疾行亟去兼舍環龜辭吳去禿所謂必察地之形勢務求便利此理通明不可不因

凡戰設而觀其作視敵而舉待則循而勿鼓待衆之作攻則屯而伺之

孫臏恒曰凡戰設我形勢而觀其動作視敵虛實而因以舉事若敵待我先發我亦循之弗鼓待其

作而發機若敵恃衆來攻我則屯兵設伏俟其至而突擊

凡戰衆寡以觀其變進退以觀其固危而觀其懼靜而觀其怠動而觀其疑襲而觀其治擊其疑加其卒致其屈襲其規因其不避阻其圖奪其慮乘其懾

孫履恒曰凡戰用衆用寡以觀其變動一進一退以觀其固否危而迫之以觀其懼不懼靜而俟之以觀其怠不怠動而擾之以觀其疑不疑襲而取

之以觀其治不治擊其疑惑已用觀知其疑也加其倉卒致其困屈襲其規與襲而觀其治襲字雖同而規者轉陣也不避則有謀矣故因之而阻其圖奪其慮懾則乘之已用觀知其懼也可見敵人疑懼當急擊勿失

凡從奔勿息敵人或止於路則慮之

孫臏曰逐奔不過百步縱綏不過三舍雖曰不遠則難誘不及則難陷而天子之義穆然在焉若

曰從奔勿息則春秋無義戰矣雖然乘勝逐北破竹之勢不可失也此從之視轍望旗之後者耶則敵何止我何慮蓋亦有故作轍亂假爲旗靡者奔者不可止止者其後軍可不慮哉故百步三舍畢竟是法

凡近敵都必有進路退必有反慮

孫履恒曰進必慮反此活路也雖曰死地則戰投之無所往置之死地而後生將豈必死哉

凡戰先則弊後則懾息則怠不息亦弊息久亦反其懾

孫履恒曰由此觀之先不可後不可息不可不息不可息久不可其中有時不可不審

書親絶是謂絶顧之慮選良次兵是謂益人之強棄任節食是謂開人之意自古之政也

孫履恒曰大將之心力半耗於書親書親絶而智勇何注其尚有勍敵乎欲絶書先絶親即絶親難

絕書必欲絕書是在將將者加之意若夫選良材以次兵之後則三軍有所倚恃强者强弱者亦强矣弛擔任而即節其食則三軍皆知磨勵智者奮愚者亦奮矣

總曰司馬定爵嚴位用衆文與法並奇較之仁本天子之義若出兩手其穰苴之秘密引而不發含而欲吐特示智者揣摩不使中才領畧者乎故有紗解有衆解有難解如固衆相利用其所欲行其

所能廢其不欲不能於敵反是重進勿盡凡盡危書親絶是謂絶顧之慮其紗解也如衆有有因生美位下左右下甲坐自寺以不循爭賢以爲人其難解也衆解無論紗解不解其神不傳難解不解終如射覆悟故不恤窮寐强爲訓詁殊少商隱一片苦心高明者得無嗤其陋也

裒谷子商隱武經七書卷之三

衷谷子商隲武經七書卷之四

吳湖孫履恒立父著

李衛公

問對上

太宗曰高麗數侵新羅朕遣使諭不奉詔將討之如何靖曰探知蓋蘇文自恃知兵謂中國無能討故違命臣請師三萬擒之太宗曰地遠兵少以何術臨之靖曰臣以正兵太宗曰平突厥時用奇兵今言正兵

何也靖曰諸葛亮七擒孟獲無他道也正兵而已矣太宗曰晉馬隆討凉州亦是依八陣圖作偏箱車地廣則用鹿角車營路狹則爲木屋施於車上且戰且前信乎正兵古人所重也靖曰臣討突厥西行数千里若非正兵安能致遠偏箱鹿角兵之大要一則治力一則前拒一則束部伍三者迭相爲用斯則馬隆所得古法深矣

孫履恒曰正兵奇兵視地遠近險易耳師行百里

途有所不繇潛師襲國可用奇兵師行数千里若非正兵何以載糗冒寒更番息憊平原曠野宜正而正狹隘險阻宜奇而奇正不盡車奇不盡騎奇正相須如左右手但曰臣以正兵恐未必然抑於是而有疑于馬隆之討樹機能也能陷涼州晉主臨朝而嘆隆進曰臣願募勇士三千人帥之以西虜不足平也晉主許之隆募引弓四鈞挽强弩九石者取之自旦至日中得三千五百人噫正兵布

陣少亦須萬人隆能以勇士三千依八陣圖作偏箱車乎兵固貴精不貴多分日之間能得勇士三千五百人乎何勇士之多也史氏誣不必辨太宗提三尺劍混一華夏聰明方畧諒不後靖尙何慕於偏箱鹿角且以三萬爲少何無疑於三千也意者隆所將尙有正兵此三千五百者其所自出之奇乎

太宗曰朕破宋老生初交鋒義師少却朕親以鐵騎

自南原馳下横突老生兵斷後大潰遂擒之此正兵乎奇兵乎靖曰陛下天縱聖武非學而能臣按兵法自黄帝以來先正而後奇先仁義而後權譎且霍邑之戰師以義舉者正也建成墜馬右軍少却者奇也太宗曰彼時少却幾敗大事曷謂奇耶靖曰凡兵以前向爲正後却爲奇且右軍不却則老生安致之來哉法曰利而誘之亂而取之老生不知兵恃勇急進不意斷後見擒於陛下此所謂以奇爲正也太宗曰

霍去病暗與孫吳合誠有是夫當右軍之却也高祖失色及朕奮擊反爲我利孫吳暗合卿實知言太宗曰凡兵却皆可謂之奇乎靖曰不然夫兵却旗參差而不齊鼓大小而不應令喧囂而不一此眞敗者也非奇也若旗齊鼓應號令如一紛紛紜紜雖退走非敗也必有奇也法曰佯北弗追又曰能而示之不能皆奇之謂也太宗曰霍邑之戰右軍少却其天乎老生被擒其人乎靖曰若非正兵變爲奇奇兵變爲正

此問甚愚太宗知兵必無此問

則安能勝哉故善用兵者奇正在人而已變而神之所以推乎天也太宗俛首太宗曰奇正素分之歟臨時制之歟靖曰按曹公新書曰已二而敵一則一術爲正一術爲奇已五而敵一則三術爲正二術爲奇此言大畧耳惟孫武曰戰勝不過奇正奇正之變不可勝窮奇正相生如循環之無端孰能窮之斯得之矣安有素分之耶若士卒未習吾法偏裨未熟吾令則必爲之二術教戰時各認旗鼓迭相分合故曰分

合爲變此教戰之術耳教閱既成衆知吾法然後加驅羣羊由將所指孰分奇正之别哉孫武所謂形人而我無形此乃奇正之極致是以素分者教閱也臨時制變者不可勝窮也太宗曰深乎深乎曹公必知之矣但新書所以授諸將而已非奇正本法

孫履恒曰霍邑之戰信𨺚天也當兩軍交鋒太宗兵在南原未動本以待戰酣而突之者固一奇也然待戰酣而後突則唐師雖勝不無傷矣惟怯可

以致人惟真怯而後旗不齊鼓不應令不一老生之悉進法不曰從奔勿息乎端謂其不知兵老生蓋歸咎天矣向非南原之兵則卻爲敗局唐遂覆宗一廢一興豈盡人力故余論始計有曰天與英雄配雖然旗亦可使不齊鼓亦可使不應令亦可使不一斯又奇之奇乎

太宗曰曹公云奇兵旁擊卿謂若何靖曰臣按曹公註孫子曰先出合戰爲正後出爲奇此與旁擊之說

異焉臣愚謂大衆所合爲正將所自出爲奇烏有先後旁擊之拘哉太宗曰吾之正使敵視以爲奇吾之奇使敵視以爲正斯所謂形人者歟以奇爲正以正爲奇變化莫測斯所謂無形者歟靖再拜曰陛下神聖迥出古人非臣所及

或曰太宗與靖論奇正多矣畢竟如何歸一曰教在素分制在臨時靖已言之而未暢也凡兵必分爲三等下者守營中者列陣上者設奇此素分之

者也或兩軍交綏而旁出一軍橫擊或正兵在前而伏匿奇兵待刦或奇兵再刦而更伏奇兵乘敝或正兵相持別從間道出其不意奪其所愛或抄出敵後絶其汲道糧道或擣其巢或擾其靜或刼其營或掩其不備或促其未陣奇與正合亦與正分合者未嘗不分分者未嘗不合此其大凡也

太宗曰分合爲變者奇正安在靖曰善用兵者無不正無不奇使敵莫測故正亦勝奇亦勝三軍之士止

知其勝莫知其所以勝非變而能通安能至是哉分合所出惟孫武能之吳起而下莫可及焉太宗曰吳術若何靖曰臣請畧言之魏武侯問吳起兩軍相向起曰使賤而勇者前擊鋒始交而北北而勿罰觀敵進取一坐一起奔北不追則敵有謀矣若悉衆追北行止縱橫此敵人不才擊之勿疑臣謂吳術大率多類此非孫武所謂以正合也太宗曰卿舅韓擒武嘗言卿可與論孫吳亦奇正之謂乎靖曰擒武安知奇

正之極但以奇爲奇以正爲正耳曾未知奇正相變循環無窮者也太宗曰古人臨陣出奇攻人不意斯亦相變之法乎靖曰前代戰鬬多是以小術而勝無術以片善而勝無善安足以論兵法也若謝玄之破苻堅非謝玄之善也蓋苻堅之不善也太宗顧侍臣避諱取謝玄傳閱之曰苻堅甚處是不善靖曰臣觀苻堅載記曰秦諸軍皆潰敗惟慕容垂一軍獨全堅以千餘騎赴之垂子寶勸垂殺堅不果此有以見秦軍之

衛公

亂慕容垂獨全蓋堅爲垂所陷明矣夫爲人所陷而欲勝敵不亦難乎臣故曰無術焉苻堅之類是也太宗曰孫子謂多算勝少算有以知少算勝無算凡事皆然

孫履恂曰太宗未嘗問韓擒武何如而靖曰擒武曾未知奇正相變何無渭陽之情也其論謝玄之破苻堅謝玄未必心服以郗謝之郤也聞安以玄應詔郗超曰安之明達衆舉親玄之才不負所舉

郄超亦善觀人矣

衆未之然超曰嘗與玄共事桓府見其使才雖履展間必得其任斯言也葢有沒齒不怨之意焉雖淝水之捷或有天幸乎而固辭不受前將軍美哉古不伐之風矣帥師伐秦取河南遣兵攻秦取青州亦豈屢捷屢幸耶郎綱目書其救鄴輸粟譏其忘讐資寇不知玄葢有遠慮也并秦則燕强鬬燕則晉晏挾刺虎之術收漁人之利將在於此且苻堅亦非豎子也當其畧定中原氣吞吳會亦一時

之雄所以致敗者知剛而不知柔知取而不知守夫差伐齊長晋而不知越之議其後也譬如芒刄善刀而藏之則不鈍物物而斫時時而試能無缺折乎使堅而甚不善也王猛之才當不後靖何以君臣遇合魚水相歡惟堅爲垂所陷一語庶幾覷破疎虞

太宗曰黄帝兵法世傳握奇文或謂爲握機文何謂也靖曰奇音機故或傳爲機其義則一考其詞云四

爲正四爲奇餘奇爲握機奇餘零也因此爲機臣愚謂兵無不是機安在乎握而言也當爲餘奇則是夫正兵受之於君奇兵將所自出者也法曰令素行以教其民則民服此受之於君者也又曰兵不豫言君命有所不受此將所自出者也凡將正而無奇則守將也奇而無正則鬬將也奇正皆得國之輔也是故握奇握機本無二法在學者兼通而已

孫臏恒曰兵受之君機握之將謂之握機可也然

以奇零爲握機則此外非機乎蓋天地之氣亦有奇零故五歲再閏以補三百六十之不足黃帝法天握奇以補什伍之不足故能以全取勝於天下

太宗曰陣數有九中心零者大將握之四面八向皆取準焉陳間容陳隊間容隊以前爲後以後爲前進無速奔退無遽走四頭八尾觸處爲首敵衝其中兩頭皆救數起於五而終於八此何謂也靖曰諸葛亮以石縱橫布爲八行方陣之法即此圖也臣嘗教閱

必先此陣世所傳握機文蓋得其粗也

孫履恒曰數起於五而終於八宛然五行八卦之面目矣四頭者二太二少八尾者乾兌離震巽坎艮坤頭云起也尾云止也非眞有頭尾也中心零者大將握之則握太少八卦之總矣或曰陣間容陣隊間容隊不亦雜而不一離而不屬歟曰是乃所以一之屬之也假如樂毅將五國之師伐齊各便其所習行其所明豈能一時演做一陣只是陣

間容陣隊間容隊耳且一陣一隊之力烏足以鏖敵總十萬之師爲一陣之戰三覆三疊潮湧風生不可窮盡大陣包小陣後陣尾前陣淮陰所謂多多益善用此法耳若夫以前爲後以後爲前則三軍之衆可使必受敵而無使獨受敵進無速奔則不陷退無遽走則不亂皆不易之法也

太宗曰天地風雲龍虎鳥蛇斯八陣何義也靖曰傳之者誤也古人秘藏此法故詭設八名耳八陣本一

也分爲八焉若天地者本乎旗號風雲者本乎旛名
龍虎鳥蛇者本乎隊伍之别後世誤傳詭設物象何
止八而已乎太宗曰數起於五而終於八則非設象
實古制也卿試陳之靖曰臣按黄帝始立丘井之法
因以制兵故井分四道八家處之其形井字開方九
焉五爲陣法四爲閑地此所謂數起於五也虚其中
大將居之環其四面諸部連繞此所謂終於八也及
乎變化制敵則紛紛紜紜鬭亂而法不亂混混沌沌

形圓而勢不散此所謂散而成八復而爲一者也太宗曰深乎黄帝之制兵也後世雖有天智神畧莫能出其閫閾降此孰有繼之者乎靖曰周之始興則太公實繕其法始於岐都以建井畝戎車三百輛虎賁三百人以立軍制六歩七歩六伐七伐以教戰法陳師牧野太公以百夫制師以成武功以四萬五千人勝紂七十萬衆周司馬法本太公者也太公既沒齊人得其遺法至桓公覇天下任管仲復修太公法謂

武王誓衆牧野曰今日之事不愆于六步七步乃止齊焉夫子勗哉不愆于四伐五伐六伐七伐乃止齊焉勗哉夫子

之節制之師諸侯畢服太宗曰儒者多言管仲覇臣而已殊不知兵法乃本於王制也諸葛亮王佐之才自比管樂以此知管仲亦王佐也但周衰時王不能用故假齊興師爾靖再拜曰陛下神聖知人如此老臣雖死無愧昔賢也臣請言管仲制齊之法三分齊國以爲三軍五家爲軌故五人爲伍十軌爲里故五十人爲小戎四里爲連故二百人爲卒十連爲鄉故二千人爲旅五鄉一師故萬人爲軍亦由司馬法一

自居王佐可笑亦襯貼不上

師五旅一旅五卒之義焉其實皆太公之遺法太宗曰司馬法人言穰苴所述是歟否也靖曰按史記穰苴傳齊景公時穰苴善用兵敗燕晉之師景公尊爲司馬之官由是稱司馬穰苴子孫號司馬氏至齊威王追論古司馬法又述穰苴所學遂有司馬穰苴書數十篇今世所傳兵家者流又分權謀形勢陰陽技巧四種皆出司馬法也太宗曰漢張良韓信序次兵法凡百八十二家删取要用定著三十五家今失其

傳何也靖曰張良所學太公六韜三畧是也韓信所學穰苴孫武是也然大體不過三門四種而已太宗曰何謂三門靖曰臣按太公謀八十一篇所謂陰謀不可以言窮太公言七十一篇不可以兵窮太公兵八十五篇不可以財窮此三門也太宗曰何謂四種靖曰漢任宏所論是也凡兵家流權謀爲一種形勢爲一種及陰陽技巧爲二種此四種也

孫臏恒曰河圖洛書中宮有五數此起於五之始

乎四面分列而成八卦其終於八之源乎羲黄神禹不相襲而相符矣然伏羲位八卦而文王更置之則黄帝制八陣而太公更繕之矣此作者之謂聖管仲修明太公遺法此述者之謂明至諸葛亮布八陣圖則又在述作之間矣則河圖而分爲四畧則洛書而分爲九軍則井田公私之制而分爲中外之營則文王後天之卦而定四奇四正之名西北乾卦也曰天陣西南坤卦也曰地陣東南巽

艮爲山山出雲

卦也曰風陣東北艮卦也曰雲陣東方靑龍之位也曰龍陣西方白虎之位也曰虎陣南方朱雀之位也曰鳥陣北方玄武之位也曰虵陣中爲中軍陣太極之位也旋天運地一麾而風起雲翔一麾而龍爭虎鬬一麾而鳥舉虵廻大畧如此雖然張良去太公僅八百餘年而黄石以太公兵法授之是不見於人世特傳於異人也况諸葛又後四百年乎則雖謂之作可其自比管樂何也管仲九合

一匡辭上卿以存二守稱陪臣以尊天王不特齊之仲父周之功臣也樂毅破齊禁掠禮逸民寬賦歛除暴令修舊政祀桓公管仲於郊放僭帝齊湣於莒其興燕也人知之其存周也人不知之兩公伎倆超出尋常兵家萬萬當曹丕篡漢昭烈崩殂亮以一身挽既去之天延四十之祚鞠躬盡瘁死而後已使幸而生虞周則師濟班頭不幸而生漢季竊管樂自比杜甫詩云伯仲之間見伊呂指麾

若定失蕭曹庶幾知言八陣七擒烏足窺其涯涘總之方冊所存不過糟粕聖哲所制通其精神李靖所稱黃帝太公管仲之法猶蟬蜕蟹殼非竟魄神理或曰若是則陣必獨造乎曰有一代之興必有一代之陣孫武穰苴未嘗言陣以一陳不堪再設也即今之奕書無慮數十種可按譜而取勝乎神而明之存乎人而已靖謂韓信學穰苴孫武愚獨謂其深於孫武其擊魏也盛兵陳船欲渡臨晉

而伏兵從夏陽以木罌缻渡軍則武子所謂途有所不出由不虞之道也其擊趙也使萬人先行出背水陣而棄旗鼓走水上軍選輕騎持赤幟疾入趙壁則武子所謂置之死地而後生先爲不可勝以待敵之可勝也其用左車計發使使燕燕從風而靡則武子所謂全國爲上善戰者無智名無勇功也酈食其已說下齊而襲齊歷下軍遂至臨菑則武子所謂君命有所不受戰道必勝主曰無戰

必戰可也。其囊沙上流，遡敵佯敗，擊斬龍且，則武子所謂知山林險阻沮澤之形，令半渡而擊之也。及將兵垓下，大將軍三十萬自當之，正兵也。孔將軍居左，費將軍居右，奇兵也。皇帝在後，正兵也。絳侯、柴將軍在皇帝後，奇兵也。大將軍先合，少却，孔將軍、費將軍從，大將軍復乘之，此非先正後奇，奇復爲正，正復爲奇，奇正相生，如環無端者乎？設大將軍又却，則皇帝大軍合矣。設皇帝又却，則絳侯柴將軍又從矣楚兵雖勁其能當無窮不竭終而復始死而復生之韓陣乎而孰知項羽之氣已盡於大將軍之復乘皇帝絳侯柴將軍俱不必陣也愚故謂其深於孫武噫垓下之戰疊陣之祖也信布四疊止用二疊而羽已亡故吳璘減一疊爲三疊夫疊陣千古不廢苟能合而却却而不亂即盡疊之術矣此三才之道也非明於河圖洛書能之乎

太宗曰司馬法首序蒐狩何也靖曰順其時而要之以神重其事也周禮最爲大政成有岐陽之蒐康有酆宮之朝穆有塗山之會此天子之事也及周衰齊桓有召陵之師晉文有踐土之盟此諸侯奉行天子之事也其實用九伐之法以威不恪假之以朝會因之以巡狩訓之以甲兵言無事兵不妄舉必以農隙不忘武備也故首序蒐狩不其深乎

孫履恒曰天下雖安忘戰必危故首重蒐狩一覽

洞然英主豈有此問刪之可也

太宗曰春秋楚子二廣之法云百官象物而動軍政不戒而備此亦得周制歟靖曰按左氏說楚子乘廣二十乘廣有一卒卒偏之兩軍行右轅以轅爲法故挾轅而戰皆周制也臣謂百人曰卒五十人曰兩此是每車一乘用士百五十人比周制差多耳周一乘步卒七十二人甲士三人以二十五人爲一甲凡三甲共七十五人楚山澤之國車少而人多分爲三隊

則與周制同矣

太宗曰春秋荀吳伐狄毀車爲行亦正兵歟奇兵歟靖曰荀吳用車法耳雖舍車而法在其中焉一爲左角一爲右角一爲前拒分爲三隊此一乘法也千萬乘皆然臣按曹公新書云攻車七十五人前拒一隊左右角二隊守車一隊炊子十人守裝五人廐養五人樵汲五人共二十五人攻守二乘凡百人興兵十萬用車千乘輕重二千此大率荀吳之舊法也又觀

漢魏之間軍制五車爲隊僕射一人十車爲師率長一人凡車千乘將吏二人多多倣此臣以今法參用之則跳盪騎兵也戰鋒隊步騎相半也駐隊兼車乘而出也臣西討突厥越險數千里此制未嘗敢易葢古法節制信可重也

或曰靖論二廣云楚每車一乘用士百五十人比周制差多耳周一乘步卒七十二人甲士三人以二十五人爲一甲凡三甲共七十五人若是則新

問得好

書攻車二十五人亦祖周制而謂前拒一隊左右角二隊爲荀吳舊法何歟曰太公之文武問荅吳子之武侯問荅不必當時有之附會者多矣靖可知也立言之意不過明奇不離正故云舍車而法在其中明正即是奇故云新書攻車荀吳舊法嘗考中行穆子伐無終將戰魏舒曰彼徒我車所遇又阨以十共車必克請皆卒自我始乃毀車以爲行葢用兵通於九變之利而後可以取勝彼徒我

車輕重之勢不及也所遇又阨險阻之途不便也舍車爲行與徒相若以十共車用我之長荀吳能從魏舒故大敗翟人曰善則歸人荀吳何自爲功與曰軍爭之際獻計者多矣知而用之在將故功亦歸將

太宗幸靈州回召勣賜坐曰朕命宗道及阿史那杜爾等討薛延陀而鐵勒諸部乞置漢官朕皆從其請延陀西走恐爲後患故遣李勣討之今北荒悉平然

諸部蕃漢雜處以何道經久使得兩全安之靖曰陛下勑自突厥至回紇部落凡置驛六十六處以通斥候斯已得策矣然臣愚以謂漢戍宜自爲一法蕃落宜自爲一法教習各異勿使混同或遇寇至則密勑主將臨時變號易服出奇擊之太宗曰何道也靖曰此所謂多方以誤之之術也蕃而示之漢漢而示之蕃彼不知蕃漢之别則莫能測我攻守之計矣善用兵者先爲不可測則敵乖其所之也太宗曰正合朕

意卿可密教邊將只以此番漢便見奇正之法矣靖再拜曰聖慮天縱聞一知十臣安能極其說哉

孫履恒曰内華外夷隅海限山天造地設有應無伐太宗窮征蘇文延陀而與靖討論經久安全意安全番漢豈有經久法獨恃天子有道易曰不利爲寇利禦寇言貴自保也詩曰小雅盡廢四夷交侵繇不治内也靖何不稱易引詩而云漢戍宜自爲一法番落宜自爲一法且夫變號易服可一試

而不堪再試故武子云多方以誤之而不言所以誤之之術富哉言也豈一變號易服乎而靖乃以此爲不可測乎淺矣淺矣

太宗曰諸葛亮言有制之兵無能之將不可敗也無制之兵有能之將不可勝也朕疑此談非極致之論

靖曰武侯有所激而云爾臣按孫子有曰教習不明吏卒無常陳兵縱橫曰亂自古亂軍引勝不可勝紀夫教道不明者言教閱無古法也吏卒無常者言將

臣權任無久職也亂軍引勝者言已自潰敗非敵勝之也是以武侯言兵卒有制雖庸將未敗若兵卒自亂雖賢將危之又何疑焉太宗曰教閱之法信不可忽靖曰教得其道則士卒樂爲用教不得法雖朝督暮責無益于事矣臣所以區區古制皆纂以圖者庶乎成有制之兵也太宗曰卿爲我擇古陳法悉圖以

上

孫履恒曰古人教閱平時教人以金鼓旗幟號令

之辨不敢教人以陣在營教人以正不敢教人以奇故陣法之可傳者演之京營邊塞而其不可傳者存乎豪傑神明故繪花者不能繪其馨繪雪者不能繪其淸繪人者不能繪其情握奇方圓牝牡魚麗鴈行等陣屈五指不勝數不必辨其眞贋定其錯謬存而弗論可也揣摩有制而已矣制自君出大司馬承制教閱中春教振旅中夏教茇舍中秋教治兵中冬教大閱制先定則不亂金鼓所指

萬人齊及此所謂有制之兵閫內之事受之於君者也閫以外將軍制之則因敵而制勝君制以法將制以心將不心制卒不節動制得而節在其中湯武之所以王桓文之所以覇制之時義大矣哉不明乎制拘拘焉取古陣圖而布之是按圖索驥而執譜求勝也夫周禮歷春夏秋冬而教之孔子謂善人教民七年亦可以即戎則非一朝一夕之故矣春夏召募而秋冬用之分數未諳形名未熟

卒逢勍敵其不爲亂軍引勝者幾希必求有能之將如淮陰者驅市人以戰能破新造之趙未可以當單于

附周禮蒐苗獮狩

大司馬中春教振旅司馬以旗致民平列陳如戰之陳辨鼓鐸鐲鐃之用以教坐作進退疾徐疏數遂以蒐田

凡師出曰治兵入曰振旅先王因四時之田以教民戰因祭以行獮用獸以試術使其目熟於旌旗

茇音拔

觀其所謂辨軍之夜事可見古人教戰不徒教其晝且教其夜不徒教其行兵而又教其止息

耳熟於號令或坐以待或作以起進而之前退而之後疾而趨走徐而緩行分疏而散開急數而屢進皆於是時聞鼓而與聽金而止一旦用其所以田獵者而施之於行陳用其所以殺獸者而施之於敵人不致倉皇失措紛亂無統也

中夏教茇舍如振旅之陳郡吏撰車徒讀書契辨號名之用帥以門名縣鄙各以其名家以號名鄉以州名野以邑名百官各象其事以辨軍之夜事其他皆如振旅遂以苗田如蒐之法

茇舍草止之也軍有草止之法防寇敵也撰車徒讀書契如今人按簿籍以點名也帥六軍之帥也

門所居之門公邑閒田謂之縣小都謂之鄙大夫謂之家鄉謂之六鄉野謂之六遂茇舍之教乃寨法專以辨軍之夜事蓋休兵偃師之時宿火而寢專以號名爲尚所以防奸細及間諜之事

中秋教治兵如振旅之陳辨旗物之用王載大常日月爲常諸侯載旂交龍爲旂軍吏載旗熊虎爲旗師都載旜孤卿之位通帛爲旜鄉遂載物雜帛爲物郊野載旐音條龜蛇爲旐百官載旟鳥隼爲旟各事其事與其號焉其他皆如振旅遂以獮音癬田如蒐田之法

於中秋言治兵者禮春夏不興師秋乃出師之時也陳旗物所以作戰也辨其用者有所將者有所畫無所將者無所畫夏秋之教皆曰如振旅之陳又曰其他皆如振旅遂以獮田如蒐田之法可見四

時教閱皆同各隨時舉其重者而言後世有欲用古法以教閱者宜詳考而兼用之

中冬教大閱前期群吏戒衆庶修戰灋虞人萊所田之野爲表田之日司馬建旗於後表之中群吏以旗物鼓鐸鐲鐃各帥其民而致質明弊旗誅後至者乃陳車徒如戰之陳皆坐群吏聽誓於陳前斬牲以左右徇陣曰不用命者斬之中軍以鼙令騎鼓也鼓鼓人皆三鼓司馬振鐸群吏作旗車徒皆作鼓行鳴鐸車徒皆行及表乃止三鼓摝鐸群吏弊旗

車徒皆坐又三鼓振鐸作旗車徒皆作鼓進鳴鐲車驟徒趨及表乃止坐作如初乃鼓車馳徒走及表乃止鼓戒三闋車三發徒三刺乃鼓退鳴鐃且却及表乃止坐作如初遂以狩田

仲冬農服故教大閱以簡車馬習戰陳尤詳於三時萊所田之野謂芟除其草以便馳驅也表所以正行列者於百步而立一表三表則三百步又五十步爲一表則四表總三百五十步左右之廣當容三軍其步數隨軍多少可矣建旗後表之中謂第四表之中央也質明弊旗謂期衆之至須當故明以仆旗後至者誅皆坐以當聽誓也陳前謂南面鄉表也中軍謂中軍將也令鼓者以作士氣也

司馬謂兩司馬振鐸以作衆也及表乃止謂自後表至前第二表也三鼓摝鐸摝者掩鐸之上而止之所以止行息氣也又三鼓而車驟徒趨及表乃止謂自第二表而至第三表也又三鼓而車馳徒走及表乃止謂自第三表而至前表鼓戒謂戒攻敵也每鼓一闋則車一轉徒一刺至三而止象敵服矣鳴鐃且却謂軍退則卒長鳴鐃以和衆鼓及表乃止謂自前表至後表而止也

丘文莊曰周禮四時皆教閱而名各不同春曰振旅振之爲言收也以冬方大閱春則農務方殷故收其衆也夏氣炎燠萬物告成故以茇止爲名而教之以夜戰之事秋氣肅殺故以治兵爲教而教之以晝戰之法冬則農事已隙則通以三時之教而并焉故謂之大閱也

太宗曰番兵惟勁馬奔衝此奇兵歟漢兵惟强弩犄

角此正兵歟靖曰按孫子云善用兵者求之於勢不責於人故能擇人而任勢夫所謂擇人者各隨番漢所長而戰也番長於馬馬利於速鬬漢長於弩弩利於緩戰此自然各任其勢也然非奇正所分臣前曾述番漢必變號易服者奇正相生之法也馬亦有正弩亦有奇何常之有哉太宗曰卿更細言其術靖曰先形之使敵從之是其術也太宗曰朕悟之矣孫子曰形兵之極至於無形又曰因形而措勝於衆衆不

非對君之語

能知其此之謂乎靖再拜曰深乎陛下聖慮已思過半矣

孫履恒曰蕃兵之長披重乘健挽强中巧可高可下倏彼倏此生龍活虎令人不可捉摸不可備禦豈非奇乎曾未有魚麗鴈行而進者惟冐頓縱數萬騎圍高帝於白登則馬亦有正蓋奇多衛突正乃合圍耳用兵數萬列陣平原利箭勁弩或設兩腋或伏中央十步之内兵刄未接洞胸出背貫脇

逵顛僵屍滿野斯正之明驗而馬陵道萬弩齊發破軍殺將則奇莫奇於此矣或曰先形之使敵從之則何如曰我擊其前形之也敵備在前從之也而孰知我之强弩掎角固誘其來而我之勁馬奔衝又襲其後哉曰史稱冒頓縱四十萬騎圍帝於白登而子曰數萬何裁之至此曰史氏大多失實匈奴之衆萬騎而已多矣至於數萬則多之多也豈有四十萬之理

太宗曰近契丹奚皆內屬置松漠饒樂二都督統於安北都護朕用薛萬徹如何靖曰萬徹不如阿史那社爾及執失思力契苾何力此皆番臣之知兵者也臣嘗與之言松漠饒樂山川道路番情順逆遠至於西域部落十數種歷歷可信臣教之以陣法無不點頭服義望陛下任之勿疑若萬徹則勇而無謀難以獨任太宗笑曰番人皆爲卿役使古人云以蠻夷攻蠻中國之勢也卿得之矣

孫履恒曰番將豈可教以陣法卽阿史杜爾執失思力契苾何力皆赤心內向能保其子若孫其心不異乎知我陣便能攻我陣矣且夫以蠻夷攻蠻夷惟所長相若耳北人而伏舟楫猶束手汗背而使番人用車徒按陣法是猿狙而衣冠之也靖論恐不其然

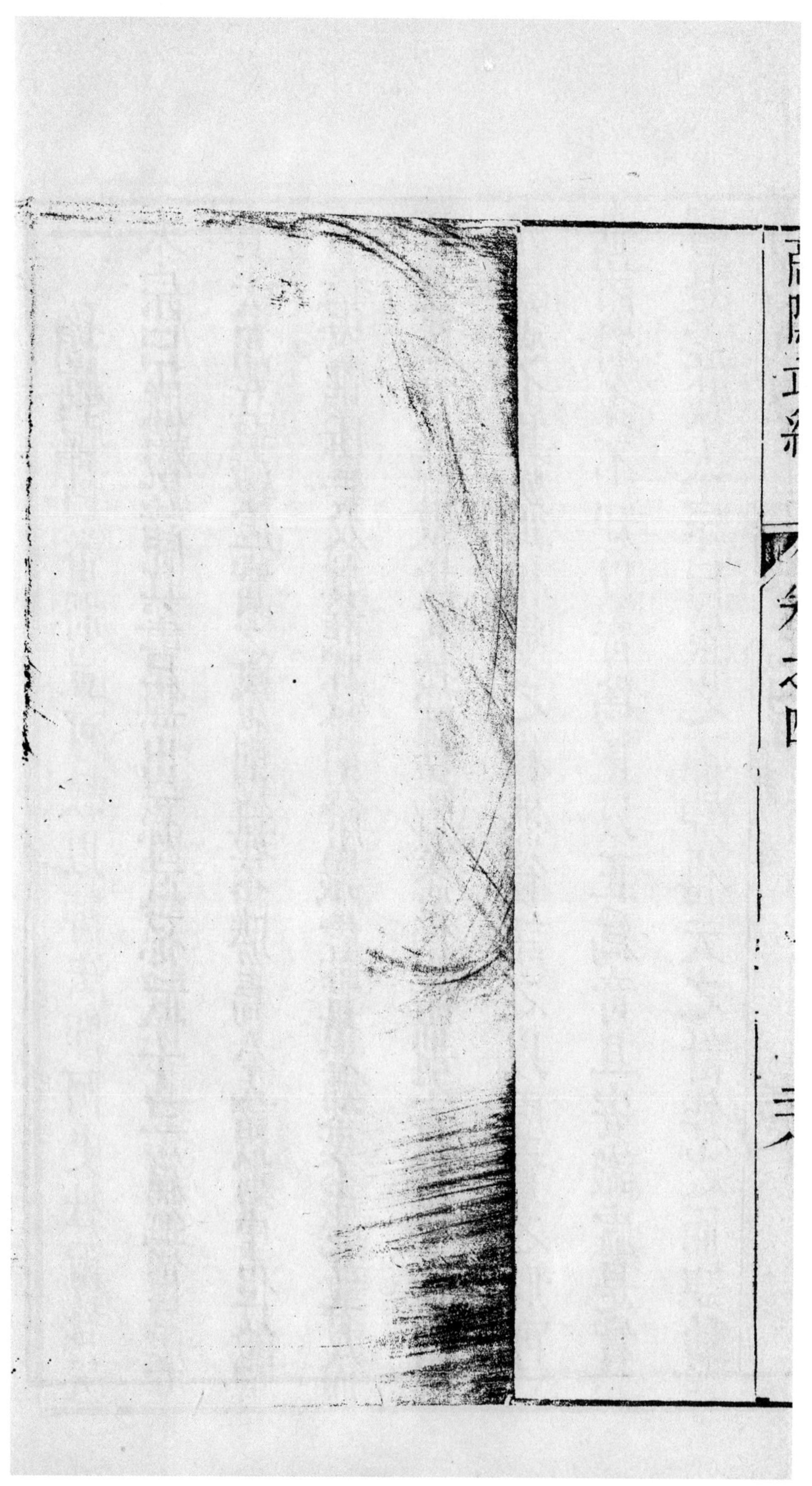

問對中

太宗曰朕觀諸兵書無出孫武孫武十三篇無出虛實夫用兵識虛實之勢則無不勝焉今諸將中但能言備實擊虛及其臨敵則鮮識虛實者蓋不能致人而反爲敵所致故也如何卿悉爲諸將言其要靖曰先教之以奇正相變之術然後語之以虛實之形可也諸將多不知以奇爲正以正爲奇且安識虛是實實是虛哉太宗曰策之而知得失之計作之而知動

靜之理形之而知死生之地角之而知有餘不足之處此則奇正在我虛實在敵與靖曰奇正者所以致敵之虛實也敵實則我必以正敵虛則我必以奇苟將不知奇正則雖知敵虛實安能致之哉太宗曰以奇爲正者敵意其奇則吾正擊之以正爲奇者敵意其正則吾奇擊之使敵勢常虛我勢常實當以此法授諸將使易曉耳靖曰千章萬句不出乎致人而不致於人而已臣當以此教諸將

孫履恒曰孫武軍爭云不知山林險阻沮澤之形者不能行軍不用鄉導者不能得地利九變云圮地無舍衢地合交絶地無留圍地則謀死地則戰。行軍云凡軍好高而惡下貴陽而賤陰養生處實軍無百疾丘陵隄防必處其陽而右背之地形云地形者兵之助也料敵制勝計險阨遠近上將之道也。九地云九地之變屈伸之利人情之理不可不察也。其以地利示人至深切矣而其喫緊處猶在虛實一篇蓋敵無盡虛亦無盡實先處戰地則以間諜之所偵合乘高之所覘可以知虛亦可以知實因險設伏張疑幷銃可以旁擊亦可以趨後我寡則避之於易邀之於阨我多則三術爲正二術爲奇兵勢所謂轉圓石於千仞此勢也此地也此地必不可以予敵故必先處之而勿後趨致人者我爲主而敵爲客也致於人者我爲客而敵爲主也主客之勞逸遠矣勞逸分而虛實見矣虛實

見而勝負殊矣不見趙奢之救閼與乎先據北山秦人爭山不得上奢縱兵擊之大敗秦軍此所謂先處戰地者也不見周德威之勝王景仁乎退軍鄗邑避其濟師候其塵起擊其惰歸此所謂敵先居之引而去之以處戰地者也不見陳餘之覆趙軍乎韓信與張耳擊趙李左車曰井陘之道車不得方軌騎不得成列願假臣奇兵三萬從間絕其輜重不十日而兩將之頭可致麾下陳餘不聽身

死泜水此所謂不知戰地而以地處敵故敗也不見張郃之破街亭死木門乎汲道生地也設阻南山困於枯渴木門死地也郃追諸葛亮於萬弩此所謂前知戰地後不知戰地而勝敗頓異也故曰千章萬句不出致人而不致於人或曰衛公對主千童萬句不出奇正而奇正之術到底未快曰奇正神理在章句之外能處戰地則長勝在我深於奇正矣

太宗曰朕置瑤池都督以隸安西都護番漢之兵如何處置靖曰天之生人本無番漢之別然地遠荒漠必以射獵爲生由此常習戰鬬若我恩信撫之衣食周之則皆漢人矣陛下置此都護臣請收漢戍卒處之內地減省糧饋兵家所謂治力之法也但擇漢吏有熟番情者散守保障此足以經久或遇有警則漢卒出焉太宗曰孫子所言治力如何靖曰以近待遠以佚待勞以飽待饑此畧言其槩耳善用兵者推此

三義而有六焉以誘待來以靜待譟以重待輕以嚴待懈以治待亂以守待攻反是則力有弗逮非治力之術安能臨兵哉太宗曰今人習孫子者但誦空文鮮克推廣其義治力之法宜徧告諸將

孫履恒曰收漢戍卒處之內地省則省矣力則治矣然戍于長城之外卒然有警猶有長城之限戍于長城之內一入長城便是四戰矣且既處漢戍內地而云擇漢吏有熟番情者散守保障是一孤

吏也孤注不可以經久孤吏可以經久乎愚謂治力之法惟深溝高壘屯田塞外而已

太宗曰舊將老卒凋零殆盡諸軍新置不經陣敵今教以何道爲要靖曰臣嘗教士卒分爲三等必先結伍法伍法既成授之軍較避諱此一等也軍較避諱之法以一爲十以十爲百此一等也授之裨將裨將乃總諸較避諱之隊聚爲陣圖此一等也大將軍察此三等之教於是大閱稽考制度分别奇正誓衆行罰陛下臨高觀

以紙代尺籍甚便後世失制不在此也

之無施不可太宗曰伍法有數家孰者爲要靖曰臣按春秋左氏傳云先偏後伍又司馬法曰五人爲伍尉繚子有束伍令漢制有尺籍伍符後世符籍以紙爲之於是失其制矣臣酌其法自五人而變爲二十五人自二十五人而變爲七十五人此則步卒七十二人甲士三人之制也舍車用騎則二十五人當八馬此則五兵五當之制也是則諸家兵法惟伍法爲要小列之五人大列之二十五人參列之七十五人

又五參其數得三百七十五人三百人爲正六十人爲奇此則百五十人分爲二正而三十人分爲二奇葢左右等也穰苴所謂五人爲伍十伍爲隊至今因之此其要也

孫臏佰曰伍者五行什者地十數之始也以一爲十以十爲百卽吳子所謂一人學戰教成十人十人學戰教成百人也裨將總諸軗之隊聚爲陣圖此則天地風雲龍虎鳥蛇各列一陣也至大將總

八而爲一陣是爲大閱稽考制度即司馬法所謂因古則行也分别奇正即靖所謂正兵受之君奇兵將所自出者也先偏後伍小國之權宜非萬世之法程也伍制束伍尉繚之嚴刻非王者之誓師也自五人而爲五五二十五自二十五而參之爲七十五三才各五行也八馬之制亦八卦之小成又五參其數而得三百七十五人三百六十合周天之度餘十五則握奇也除奇零十五分三百人

爲二正分六十人爲二奇參伍爲正參十爲奇也古法如此乃武子兵勢雖不言伍法而分數二字了然伍之積也向非由伍而什而百而千而萬與司馬法合則參差懸異何以能治衆如治寡

太宗曰朕與李勣論兵多同卿說但勣不究出處卿所制六花陣法出何術乎靖曰臣所本諸葛八陣法也大陣包小陣大營包小營隅落鉤連曲折相對古制如此臣爲圖因之故外畫之方内環之圓是成六

花俗所號耳太宗曰内圓外方何謂也靖曰方生於步圓生於奇方所以矩其步圓所以綴其旋是以步數定於地行綴應於天步定綴齊則變化不亂八陣爲六武侯之舊法焉太宗曰畫方以見步點圓以見兵步教足法兵教手法手足便利思過半矣靖曰吳起云絶而不離却而不散此步法也教士猶布碁於盤若無畫路碁安用之孫子曰地生度度生量量生數數生稱稱生勝勝兵若以鎰稱銖敗兵若以銖稱

鑑皆起於度量方圓也太宗曰深乎孫子之言不度地之遠近形之廣狹則何以制其節乎靖曰庸將鮮能知其節者也善戰者其勢險其節短勢如彍弩節如發機臣修其術凡立隊相去各十步駐隊去師隊二十步每隔一隊立一戰隊前進以五十步爲節角一聲諸隊皆散立不過十步之內至第四角聲籠鎗跪坐於是鼓之三呼三擊三十步至五十步以制敵之變馬軍從背出亦以五十步臨時節止前正後奇

觀敵何如、再鼓之、則前奇後正、復邀敵來、伺隙擣虛、此六花大卒皆然也

孫履恒曰自古出師有營有陳而時勢不同營陣亦異地之險易有限卒之多寡不齊而敵又有强弱智愚勇怯之分有不可槩論者此李靖所以變八陣而爲六花也請以二萬人爲隼分爲七軍中軍四千人左右虞候二軍各二千八百人左右總管四軍各二千六百人合爲二萬内取一萬四千

人爲戰隊。六千人守輜重。內方環之爲圓。外直畫之爲方。疏而開之。其形六出。故號爲六花。中一如花心。外六爲六瓣。軍爭之際。如天花亂墜。使敵眯瞀而莫知所從。然外畫之方。所以矩其步。而亦未嘗不圓也。以物驗之。方以八包一。圓以六包一。故八陣即九軍。九軍者方陣也。六花即七軍。七軍者圓陣也。方中悟圓。復藏圓於方。雖然。八陣亦豈不圓哉。羲文位八卦皆規而圓之。天圓地方。不可離

也諸葛之陣方其戰圓矣此司馬懿所以甘受巾幗之辱

或曰六花與八陣合矣衛公與武侯何如曰但閱衛公之論未登武侯之堂烏敢謬爲差等然歷觀問對其所取法者武侯也其所黜弄者八陣也則靖猶今之國手亮猶昔之制譜者乎

太宗曰曹公新書云作陳對敵必先立表引兵就表而陣一部受敵餘部不進救者斬此何術乎靖曰臨

敵立表非也此但教戰時法耳古人善用兵者教正不教奇驅衆若驅羣羊與之進與之退不知所之也曹公驕而好勝當時諸將奉新書者莫敢攻其短且臨敵立表無乃晚乎臣竊觀陛下所制破陣樂舞前出四表後綴八旛左右折旋趨步金鼓各有其節此即八陣圖四頭八尾之制也人但見樂舞之盛豈有知軍容如斯焉太宗曰昔漢高帝定天下歌云安得猛士兮守四方蓋兵法不可以意授不可以語傳朕

爲破陳樂舞惟卿以曉其表矣後世其知我不苟作也

孫履恒曰立表教戰臨敵則曉靖之非曹公是也然曹公身經百戰豈不知而云然豈著書時偶不及詳耳破陣樂四表八旛合八陣四頭八尾衛公觀舞而曉其意而太宗曰惟卿以曉其表豈猶未曉其裏乎英雄欺人驕勝曹公矣

或曰四頭八尾既以象舞而前問四頭八尾觸處

爲首豈知而復問歟曰衛公三卷不必君臣問對想其子孫偏裨纂述而設爲之者故恒於凡兵却皆可謂之竒乎眉批曰此問甚愚太宗知兵必無此問

太宗曰方色五旗爲正乎旛麾折衝爲竒乎分合爲變其隊數曷爲得宜靖曰臣參用古法凡三隊合則旗相倚而不交五隊合則兩旗交十隊合則五旗交吹角開五交之旗則一復散而爲十開二交之旗則

一復散而爲五開相倚不交之旗則一復散而爲三兵散則以合爲奇合則以散爲奇三令五申三散五合復歸於正四頭八尾乃可教焉此隊法所宜也太宗稱善太宗曰曹公有戰騎陷騎游騎今馬軍何等比乎靖曰臣按新書云戰騎居前陷騎居中游騎居後如此則是各立名號分爲三類耳大抵騎隊八馬當車徒二十四人二十四騎當車徒七十二人此古制也車徒當教以正騎隊當教以奇據曹公前後及

中分爲三覆不言兩箱舉一端言也後人不曉三覆之義則戰騎必前於陷騎游騎如何使用臣熟用此法回車轉陣則游騎當前戰騎當後陷騎臨變而分皆曹公之術也太宗笑曰多少人爲曹公所惑

孫履恒曰師之耳目在我旗鼓旗有交開而兵有分合鼓有輕重而兵有緩急習在平日制在臨時車徒有三覆騎亦有三覆非三覆不足以治力不足以斃敵戰騎者交鋒奮擊之名陷騎者戰酣突

擊之名游騎者往來迭擊之名然未嘗不可以游爲戰以陷爲游或曰囘車轉陣游騎當前則戰騎斷後矣不亦置游騎於閒曠乎曰囘車轉陣方而圓之左而右之前而後之非歸師也若是歸師應游騎在後矣

太宗曰車步騎三者一法也其用在人乎靖曰臣按春秋魚麗陣先偏後伍此則車步無騎謂之左右拒言拒禦而已非取出奇勝也晉荀吳伐狄舍車爲行

此則騎多爲便惟務奇勝非拒禦而已臣均其術一馬當三人車步稱之混爲一法用之在人敵安知我車果何出騎果何來徒果何從哉或潛九地或動九天其知如神惟陛下有焉臣何足以知之

孫履恒曰鄭禦王師不敢求勝故拒禦而已晉伐無終可同年而語哉或曰古來勝師多矣何以數稱魚麗舍車曰鄭伯爵小國也小國一軍天子六軍又兼衛陳蔡而王亦能軍且鄭自戰其地爲散

地其拒禦難之難也其稱之也以此戎狄之爲中國患久矣戰則敗績勝亦相當惟中行穆子裹戎而盡殪之靖自以爲陰山之功千古爲兩故樂道其事雖然前書鄭元鑄還自突厥民饑畜瘦將亡之兆繼書突利可汗請入朝又遣唐儉賫詔許降則靖之破突厥亦乘其衰掩其不備耳況又有李世勣之軍磧口張寶相之擒頡利而靖自多乎其啟蕭禹劾奏有以也總之中國有盛衰胡運亦有

盛衰匈奴突厥與女直蒙古異有漢武唐宗自有
衛霍靖勣至今四夷稱中國爲大唐太宗御製所
謂雪耻酬百王除兇報千古豈不雄哉豈不雄哉
太宗曰太公書云地方六百步或六十步表十二辰
其術何如靖曰畫地方一千二百步開方之形也每
部占地二十步之方横以五步立一人縱以四步立
一人凡二千五百人分五方空地四處所謂陣間容
陣者也武王伐紂虎賁各掌三千人每陣六千人共

三萬之衆此太公畫地之法也太宗曰卿六花陣畫地幾何靖曰大閱地方千二百步者其義六陣各占地四百步分爲東西兩箱空地一千二百步爲教戰之所臣嘗教士三萬每陣五千人以其一爲營法五爲方圓曲直銳之形每陣五變凡二十五變而止太宗曰五行陳如何靖曰本音五方色立此名方圓曲直銳實因地形使然凡軍不習此五者安可以臨敵乎兵詭道也故强名五行焉文之以相生相尅之義

金木水火位在四正而此在四隅何也金得火而鍊在坤而生木出山而茂近水而生水得火而變近金而生火得風而烈近木而生

其實兵形象水因地制流此其旨也

孫履恒曰五行三才陣太公翦商之所作也開方一千二百步分爲五陣蓋天地之數水位西北火位東南金位西南木位東北土位中央五陣依五方而布之故以五行爲名也復於前後左右之間各出一陣以爲奇置天陣於金水之間置地陣於木火之間置兩人陣於土陣之旁三停而出之故又以三才爲名也分之則五行三才合之則九軍

八陣實同一陣而已李靖六花本是七軍今云教士三萬每陣五千人以其一爲營法五爲方圓曲直銳之形豈無名氏所謂前後左右中五陣號爲仁義禮智信而謂之五花者耶靖書無之而方圓曲直銳則五行之別名也土方金圓水曲木直火銳每教一陣各五變如旣教之方復變爲圓曲直銳旣教之銳復變爲方圓曲直合之凡二十五變蓋隨敵相地或丘陵林壑平陸斥澤之不同或高

下險易廣狹死生支掛之不一而因以制夫步騎多寡疏密輕重分合奇正之所宜此因地制流之說也張熚云孔明出師伐魏道出斜谷其地險隘於是裁八陣爲六亦以車一百二十五乘萬二千五百人爲一軍雖未可信存之以備叅考

太宗曰李勣言牝牡方圓伏兵法古有是否靖曰牝牡之法出於俗傳其實陰陽二義而已臣按范蠡云後則用陰先則用陽盡敵陽節盈我陰節而奪之此

兵家陰陽之妙也范蠡又云設右爲牝益左爲牡早晏以順天道此則左右早晏臨時不同在乎奇正之變者也左右者人之陰陽早晏者天之陰陽奇正者天人相變之陰陽若執而不變則陰陽俱廢如何守牝牡之形而已故形之者以奇示敵非吾正也勝之者以正擊敵非吾奇也此謂奇正相變兵伏者不止山谷草木伏藏所以爲伏也其正如山其奇如雷敵雖對面莫測我奇正所在至此夫何形之有哉

孫履恒曰師武臣力陽節也詭謀秘計陰節也盡敵陽節盈我陰節而奪之此范蠡二十年覇越沼吳之心力豈不奇哉雖然奇則奇矣亦幸也數也事固有不可知者使勾踐范蠡夫差有一捐賓客在二十年之內則身請爲臣女女於王大夫女女於大夫士女女於士之恥終身不雪而千古無范蠡矣惟二十年俱無恙使蠡得收三策之全功成名遂身退故曰幸曰數老氏云谷神不死是謂玄

牝又云知其雄守其雌而牝牡非俗傳蠡固符合老氏之術者愚嘗謂夫差項羽氣焰相若皆陽節也句踐純用陰節舉動不光延祚不永漢高陰用張陳陽用蕭韓故卒成帝業而兩漢四百陰可純任乎哉陽節爲正陰節爲奇左右早晏奇正不可執一則左亦可設爲牝右亦可益爲牡朝氣鋭也有時固守暮氣歸也有時夜戰右牝左牡朝戰暮守正也而易用牝牡側用朝暮奇也奇正無窮使

敵莫測之大凡如此隊間容隊陣間容陣即伏藏之術若必藉山林草木以爲伏則有武子謹覆索之之法在敵豈必如獸獸之投綱

太宗曰四獸之陣又以商羽徵角象之何道也靖曰詭道也太宗曰可廢乎靖曰存之所以能廢之也若廢而不用詭愈甚焉太宗曰何謂也靖曰假之以四獸之陣及天地風雲之號又加商金羽水徵火角木之配此皆兵家自古詭道存之則餘詭不復增矣廢

此何必秘

之則使貪使愚之術從何而施哉太宗良久曰卿宜秘之無泄於外

孫臏佰曰宫爲五音之君主居五行之中則商金羽水徵火角木雖不言宫土而宫土在中是五音之陣即五行之陣也夫何取於五音樂以和爲本師亦以和爲本武以止戈殺人以安人先和而後造大事則作者之意非詭道也豫道也豫順以動天地如之而況行師若謂之詭何害於增只要教

戰有素士卒習熟耳假如茇舍辨名號之用帥以門名家以號名鄉以州名豈必一一襲舊稱帥以和可稱家以百可稱鄉以旅可若謂廢之無以使貪使愚不可解也易曰君不密則失臣臣不密則失身幾事不密則害成太宗曰卿宜秘之勿泄於外而靖筆之於書更不可解也

太宗曰嚴刑峻法使人畏我而不畏敵朕甚惑之昔光武以孤軍當王莽百萬之衆非有刑法臨之此何

由乎靖曰兵家勝敗情狀萬殊不可以一事推也如陳勝吳廣敗秦師豈勝廣刑法能加於秦乎光武之起蓋順人心之怨莽也又況王尋王邑不曉兵法徒誇兵衆所以自敗臣按孫子曰卒未親附而罰之則不服已親附而罰不行則不可用此言凡將先有愛結於士然後可以嚴刑也若愛未加而獨用峻法鮮克濟焉太宗曰尚書云威克厥愛允濟愛克厥威允罔功何謂也靖曰愛設於先威設於後不可反是也

嚴明勝姑息信其事之必濟　姑息勝嚴明信其事之無功

若威加於前愛救於後無益於事矣尚書所以慎戒其終非所以作謀於始也故孫子之法萬世不刊孫履恒曰愛如和風化日十居其九威如轟雷掣電偶一見之必愛及千萬人三軍共恃而威及一二人三軍乞服雖威之時而愛行焉諸葛畨涕斬馬謖撫其遺孤是也且夫廉生威而愛亦生威小莫小於令而令公溥則一庭秋肅四境肅然矣慈莫慈於父毋而外內各正則有孚威如正家而天

下定矣爲將者豈必作意立威如趙括東鄉而朝軍吏無敢仰視者變不必在敵國將在肘腋故卒未親附而罰之則危可立待奚但罔功卒已親附而罰不行辟如驕子不可用也尚書愼戒其終夫豈作謀於始靖可謂深得武子之精善解尚書之旨矣

太宗曰卿平蕭銑諸將皆欲籍僞臣家以賞士卒獨卿不從以爲蒯通不戮於漢旣而江漢歸順朕由是

思古人有言曰文能附衆武能威敵其卿之謂乎靖曰漢光武平赤眉入賊營中按行賊曰蕭王推赤心於人腹中此葢先料人情本非爲惡豈不豫慮哉臣頃討突厥總番漢之衆出塞千里未嘗戮一楊干斬一莊賈亦推赤誠存至公而已矣陛下過聽擢臣以不次之位若於文武則何敢當

孫履恒曰蕭銑死事之家諸將皆欲籍之靖曰彼爲其主拒戰此忠臣也庸可等之叛逆斯言也鼓

義士之氣全反事之家端三軍之奪銷屠降之慘

來江漢之心眞所謂仁人之言其利溥哉然其自

比光武已失人臣之禮且謂推赤誠存至公大言

不慙庸君猶不堪況英主乎斷非問對語

太宗曰昔唐儉使突厥卿因而擊敗之人言卿以儉

爲反間朕至今疑焉如何靖再拜曰臣與儉比肩事

主料儉說必不能柔服故臣因縱兵擊之所以盡大

忠不顧小義也人謂以儉爲反間非臣之心按孫子

用間最爲下乘臣嘗著論其末云水能載舟亦能覆舟或用間以成功或憑間以傾敗若束髮事君當朝正色雖有善間安可用乎唐儉小義陛下何疑太宗曰誠哉非仁義不能使間此豈纖人所爲乎周公大義滅親況一使人乎灼無疑矣

孫履恒曰陰山之役靖與勣會白道張公謹曰詔書許降使者在彼奈何擊之靖曰此韓信所以破齊也夫楚漢雌雄未定得寸强寸失寸弱寸棄一

使汝千里剪楚之右臂猶之可也至靖伐頡利天下已大定矣此時正當昭大信於四夷修文德以來遠而貪不毛之功棄皇華之使幸而僉逃歸不幸則鼎鑊矣斬首千餘豈不喪士卒數千俘男女十餘萬豈不費芻糧幾百萬犒賞幾十萬處置幾百萬得不償失功不掩詐且淮陰之善用兵不在襲歷下也淮陰之誅夷雖在譎假王期固陵亦鄙食其之怨氣上通於天矣況靖又不可倒論乎功

過相當陰山錄將士不錄主帥可也而疑而問問而稱周公大義滅親夫管蔡有罪唐儉何罪哉君子於是謂太宗失政刑矣

此豈英主所問

太宗曰兵貴爲主不貴爲客貴速不貴久何也靖曰兵不得已而用之安用爲客且久哉孫子曰遠輸則百姓貧此爲客之弊也又曰役不再籍糧不三載此不可久之驗也臣較量主客之勢則有變客爲主變主爲客之術太宗曰何謂也靖曰因糧於敵是變客

問愈下矣

爲主也飽能饑之佚能勞之是變主爲客也故兵不拘主客遲速惟發必中節所以爲宜太宗曰古人有諸靖曰昔越伐吳以左右二軍鳴鼓而進吳分兵禦之越以中軍潛涉不鼓襲敗吳師此變客爲主之驗也石勒與姬澹戰澹兵遠來勒遣孔萇爲前鋒逆擊澹軍孔萇退而澹來追勒以伏兵夾擊之此變勞爲佚之驗也古人如此者多

孫履恒曰談兵易用兵難因糧於敵飽能饑佚能

勞誰不知之而誰不欲之而所以因所以饑所以勞難矣且夫隋失其鹿天下共逐此時因糧猶易饑之勞之亦易假如戰國之世各據土宇習於戰攻主客饑飽勞佚亦旣辨之熟矣人將因我饑我勞我苟非田單遇騎刼白起遇趙括廉頗遇栗腹其能因能饑能勞乎哉靖蓋不知奉眞主之威靈秉頡利之衰弱耳設遇冒頓女眞蒙古苟能係固疆圉斯亦武矣故曰以國手遇國手勝負之間不

差以寸越以二十年之臥薪嘗膽乘外彊中乾之夫差勝敗已定久矣不在中軍潛涉也石勒胡種不足道其陷樂平亦劉琨不從閉關守險務農息民而用新附倚盧之衆計已先失也如漢高軍小修武遣人燒楚積聚則飽能饑之矣吳爲三師以肆楚出則歸楚歸則出則佚能勞之矣孫臏救趙而直走魏都龐涓釋趙自救敗於桂陵則變客爲主變主爲客變勞爲佚胥得之矣

行馬卽木螳螂劍刃扶胥也

太宗曰鐵蒺藜行馬太公所制是乎靖曰有之然拒敵而已兵貴致人非欲拒之也太公六韜言守禦之具耳非攻戰所施也

孫履恒曰六韜未知眞屬太公與否然鐵蒺藜行馬備在農器又何問乎兵雖貴致人旣致矣竟不必拒乎且將欲奪之必固與之將欲致之必固拒之此兵之妙不可先傳也

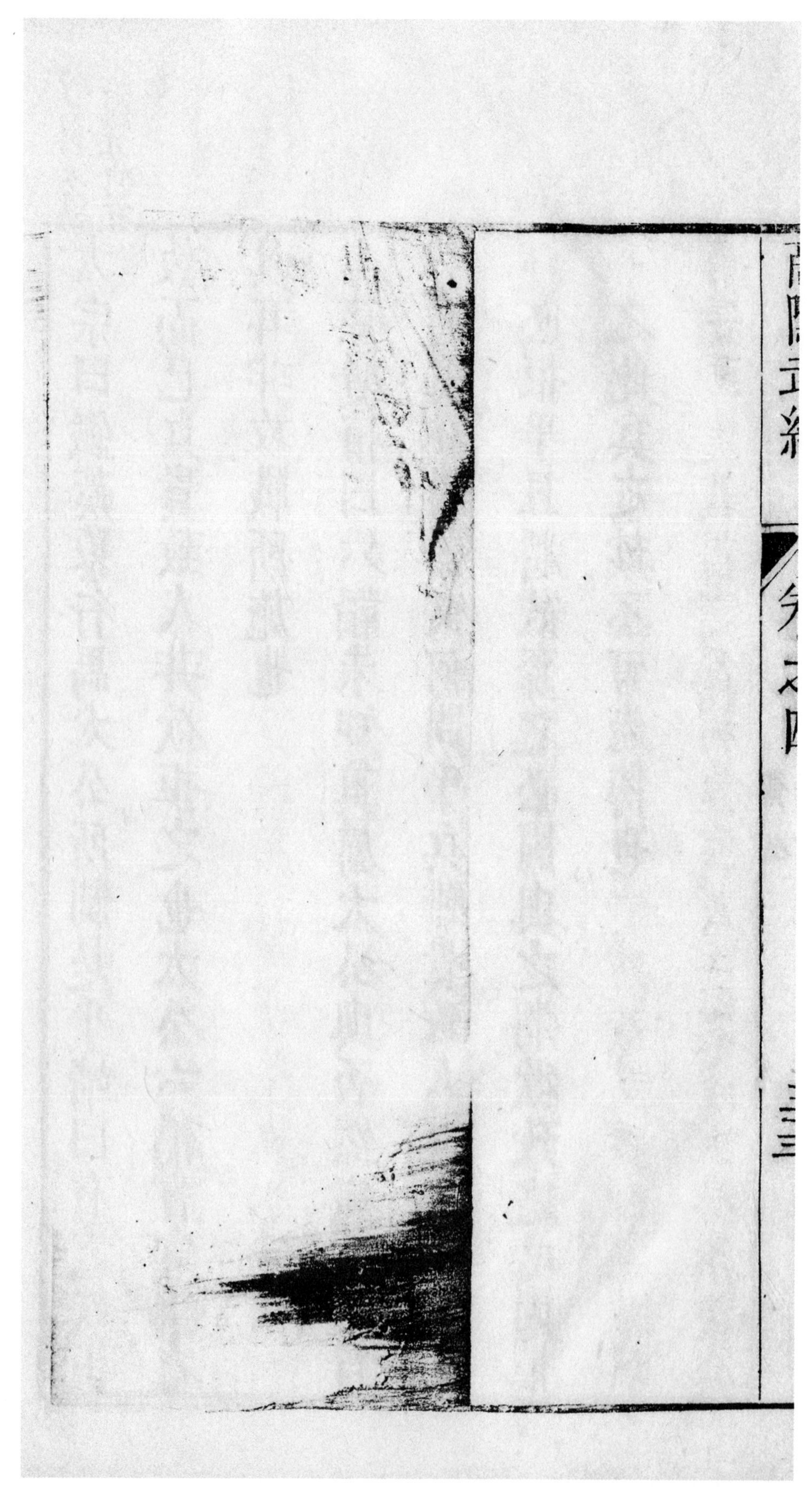

問對下

太宗曰太公云以步兵與車騎戰者必依丘墓險阻又孫子曰天隙之地丘墓故城兵不可處如何靖曰用衆在乎心一心一在乎禁祥去疑儻主將有所疑忌則羣情搖羣情搖則敵乘釁而至矣故安營據地便乎人事而已若澗井陷隙之地及如牢羅之處人事不便者也故兵家引而避之防敵乘我丘墓故城非絶險處我得之爲利豈宜反去之乎太公所說兵

之至要也

孫履恒曰太公與武子非相左也太公單言步兵與車騎戰非據高原便爲所蹂踐矣武子論處軍大槩絶澗天隙等地多凶懼之忌故城丘墓無生旺之機皆不以處我而避以處敵然太公戰步第言依丘陵險阻不言丘墓豈別有所紀歟抑太宗誤言之而靖不敢正歟人事若便衆心不疑則雖丘墓故城不必與澗井牢羅陷隙同棄靖言是也

太宗曰朕思凶器無甚於兵者行兵苟便於人事豈以避忌爲疑今後諸將有以陰陽拘忌失於事宜者卿當丁寧誡之靖再拜謝曰臣按尉繚子云黄帝以德守之以刑伐之是謂刑德非天官時日之謂也然詭道可使由之不可使知之後世庸將泥於術數是以多敗不可不戒也陛下聖訓宜宣告諸將

孫履恒曰史稱軒轅修德振兵蓋修德乃所以振兵則德守而後可刑伐吉祥善事隨大德以旋轉

不問天官時日可也故有揮戈而退日者有善言而熒惑退舍者有不用寶以禳火而火亦不發者而況聖人乎然斗魁戴匡六星曰文昌宮一曰上將二曰次將羽林天軍軍西爲壘旁有大星爲北落五星犯北落軍起火金水凶木土則吉太白主中國胡貉占辰辰星出入躁疾常主夷狄熒惑爲孛外則理兵内則理政故明天子必視熒惑所在未有不先形見而應隨之者則天官時日又在有

無之間心通造化避之趨之可心信人事獨往獨來可易曰天垂象見吉凶聖人象之馬遷曰太上修德其次脩政其次脩救其次脩禳夫能象象則必脩德政而救與禳俱無所用矣此其權在天子

太宗曰兵有分有聚各貴適宜前代事迹孰爲善此者靖曰苻堅總百萬之衆而敗於淝水此兵能合而不能分之所致也吳漢討公孫述與副將劉尚分屯相去二十里述來攻漢尚出合擊大破之此兵分而

能合之所致也太公曰分不分爲縻軍聚不聚爲孤旅太宗曰然苻堅初得王猛實知兵遂取中原及猛卒堅果敗此縻軍之謂乎吳漢爲光武所任兵不遥制故漢果平蜀此不陷孤旅之謂乎得失事迹足爲萬代鑒

孫臏栢曰分兵易聚兵難漢高率五諸侯兵五十六萬敗於彭城曹公號水軍八十萬敗於赤壁昭烈起傾國之師率五溪諸蠻敗於猇亭皆創業英

雄也況其下者竊因是討之而知先聲之虛傳記之妄也漢王出蜀之兵不過數萬收三秦兵及三河士亦不過數萬總入彭城時二十萬已耳曹公戰紹之兵不過數萬收冀州烏桓不過數萬并荆州降卒不過數萬以三之一鎮許總屯赤壁時亦二十萬已耳先主北拒魏而東伐吳其兵不過數萬合五溪諸蠻或千或一二千總進猇亭時不過十萬已耳故謂先聲與傳記俱失實也葢用十萬

之師必需二三百萬之餉而兵何容易聚也故古來之兵多不過二十萬而止即聚餉矣聚兵矣用之豈易言哉蓋二十萬之兵偏裨千員矣吏士二百矣識千百人之姓名易辨千百人之伎倆難誰能步能騎能車能舟誰知天知地知己知彼誰司糧司牧司器司幣誰忠實可任貪詐可使誰使從平易入險阻入誰道有野可掠可省芻糧誰道行無人之地必裹餱糧誰日干支宜進不宜進誰使

之進而嘗退而覆誰道宜備誰道不必備誰處宜用精鋭擣虚誰處宜用老弱張勢誰將與吏協宜並處誰將與吏不協宜各處長短必盡其材智勇必劑其用賞罰必如其數計策必收其成權變必趨其時五問俱起有間之利無間之害千里會戰呼吸相通晷刻不爽此王翦平輿之戰而韓信垓下之陣遐想當時亦多至三十萬而已矣奚必如史所稱哉而志大才疎之苻堅不顧根本不擇賢

將不知戰地不據形勢不置應接徒欲促人反被人促大崩莫救宜也蓋善合者必能分善分者必能合決無有三十萬三十萬之衆而以一陣戰者也能以一日戰者是以一陣戰者也雖然將而福則所遇柔脆千古成名不福則所當英武萬世覆轍苻堅不如謝玄之細密公孫不如吳漢之强力況玄軍登岸即是背水堅重進盡不能回車漢深入重地重地則專迸自戰其地散地則二此其敗

又不特合而不能分分而能合之所致也於是而有感於子玉于禁之不幸也蔿賈謂玉過三百乘不能以入然收其卒而止故不敗文公知其死喜曰莫余毒也已曹公稱于禁在亂能整七軍敗没德死禁降曰我知于禁三十年何意臨危不如龐德一喜一知是兩人之才有足稱者然皆非大將才可分而不可合非文公壯侯對手故曰不幸也

太宗曰朕觀千章萬句不出乎多方以誤之一句而

已靖良久曰誠如聖論大凡用兵若敵人不誤則我師安能克哉譬如奕碁兩敵均焉一着或失竟莫能救是古今勝敗率由一誤而已况多失者乎

孫履恒曰言及誤字令人惕然猛省省之何如曰多算勝少算不勝謀及乃心謀及卿士困而不逼則寧守而已矣

太宗曰攻守二事其實一法歟孫子言善攻者敵不知其所守善守者敵不知其所攻即不言敵來攻我

我亦攻之我若自守敵亦守之攻守兩齊其術柰何
靖曰前代似此相攻相守者多矣皆曰守則不足攻則有餘便謂不足爲弱有餘爲强葢不悟攻守之法也臣按孫子云不可勝者守也可勝者攻也謂敵未可勝則我且自守待敵可勝則攻之耳非以强弱爲辭也後人不曉其義則當攻而守當守而攻二役既殊故不能一其法太宗曰信乎有餘不足使後人惑其强弱殊不知守之法要在示敵以不足攻之法要

在示敵以有餘也示敵以不足則敵必來攻此是敵不知其所攻者也示敵以有餘則敵必自守此是敵不知其所守者也攻守一法敵與我分爲二事若我事得則敵事敗敵事得則我事敗得失成敗彼我之事分焉攻守者一而已矣得一者百戰百勝故曰知彼知己百戰不殆其知一之謂乎靖再拜曰深乎聖人之法也攻是守之機守是攻之策同歸乎勝而已矣若攻不知守守不知攻不惟二其事抑又二其官

雖口誦孫吳而心不思妙攻守兩齊之說其孰能知其然哉太宗曰司馬法言國雖大好戰必亡天下雖安忘戰必危此亦攻守一道乎靖曰有國有家者曷嘗不講乎攻守也夫攻者不止攻其城擊其陣而已必有攻其心之術焉守者不止完其壁堅其陣而已必也守我氣以有待焉大而言之爲君之道小而言之爲將之法夫攻其心者所謂知彼者也守我氣者所謂知己者也太宗曰誠哉朕嘗臨陣先料敵之心

與巳之心孰審然後彼可得而知焉察敵之氣與巳之氣孰治然後我可得而知焉是以知彼知巳兵家大要今之將臣雖未知彼苟能知巳則安有失利者哉靖曰孫武所謂先爲不可勝者知巳者也以待敵之可勝者知彼者也又曰不可勝在巳可勝在敵臣斯須不敢失此誡

孫臏悁曰行兵無他攻守而巳攻非特攻城攻心爲上攻謀次之攻事又次之攻城其寂下者也守

非特守城。守道爲上。守氣次之。守法又次之。守城其最下者也。何謂攻心。如蜀用由余而秦饋女樂。卒成破蜀之功者是。何謂攻謀。如陳軫以卞莊刺虎說秦王而止救齊之兵者是。何謂攻事。如晉人私許復曹衛以攜之。執宛春以怒楚。既戰而後圖者是。何謂守道。如魯秉周禮。齊仲孫湫省魯難。歸對閔公曰。魯未可伐者是。何謂守氣。如李牧守鴈門十五年。堅壁不出。士卒咸願一戰。而一舉滅襜檻降林胡者是何謂守法如叚秀實爲都虞候有變卒犯盜當死馬璘欲生之秀實曰將有愛憎而法不一雖韓彭不能爲勝璘善其議而殺之者是三攻三守並操互用不攻而自拔不守而自固武子所謂善之善者也若所云守則不足攻則有餘由先爲不可勝以待敵之可勝觀之意蓋曰善用兵者必先自能守立於不敗之地以伺敵之隙而攻之也如靖所解則我必處強必不處弱而凡守

者皆非不足乎然非正解亦是奇解所當並存我弱則守我强則攻我强而示之弱則守我弱而示之强則以嘗前出後掠左掠右虚張爲攻而一城一旅忽當一萬二萬之寇可不講於堅守之術乎雖然示敵以不足易示敵以有餘難夫能示敵以有餘者不惟知巳兼知彼者也知敵之備前可以攻後知敵之備後可以攻前知敵之備左可以攻右知敵之備右可以攻左故知巳要矣知彼急焉

太宗曰孫子言三軍可奪氣之法朝氣銳晝氣惰暮氣歸善用兵者避其銳氣擊其惰歸如何靖曰夫含生禀血鼓作爭鬬雖死不省氣使然也故用兵之法必先察吾士衆激我勝氣乃可以擊敵焉吳起四機以氣機爲上無他道也能使人人自鬬則其銳莫當所謂朝氣銳者非限時刻而言也舉一日始末爲喻也凡三鼓而敵不衰不竭則安能必使之惰歸哉蓋學者徒誦空文而爲敵所誘苟悟奪之之理則兵可

任矣。

孫履恒曰朝氣暮氣於軍爭言其槩矣然人有言師直爲壯曲爲老壯則氣銳老則氣衰曲直之間朝暮之分也直則兵義兵義者正直則士怒士怒者勇以正攻邪以勇攻怯譬如法師斬妖猛虎逐鹿不復弄其伎倆然三軍之怒以義激發天子之義以仁爲本故曰殺人以安人攻其國愛其民知此道者朝亦銳晝亦銳暮亦銳或曰以直伐曲無

論矣曲直相當各爭朝暮則柰何曰王翦之伐楚也養士卒投石超距待項燕惰歸而擊之此一證也。

太宗曰卿嘗言李勣能兵法久可用否然非朕控御則不可用也他日太子治將何御之靖曰爲陛下計莫若黜勣令太子復用之則必感恩圖報於理有損否乎太宗曰善朕無疑矣太宗曰世勣若與長孫無忌共掌國政如何靖曰勣忠義臣可保任也無忌佐

命大功陛下以肺腑之親委之輔相然外貌下士內實嫉賢故尉遲敬德面折其短遂引退焉侯君集恨其忘舊因以犯逆皆無忌致其然也陛下詢及臣臣不敢避其說太宗曰勿泄也朕徐思其處置

孫履恒曰史載太宗謂太子曰李世勣才智有餘然汝與之無恩我今黜之若其即行俟我死汝用爲僕射親任之若徘徊顧望當殺之耳亦已譎甚非待大臣之體又不能自謀而待靖謀與夫太宗

十六應募在煬帝十一年而勣從李密起兵即在十二年則勣不少於太宗何靖料太宗捐羣臣必在勣前歟且無忌爲佐命第一其材必有過人者非直爲椒房親也靖以疎間親以新間舊意必不敢言即敢言必非太宗所信且太宗云勿泄也又何以泄於外傳於後竊主之謫泄主之謀此問對可疑也且靖保勣詆無忌而廢后立昭儀時誰忠誰佞靖之藻鑑亦大謬矣

太宗曰漢高祖能將將其後韓彭見誅蕭何下獄何故如此靖對曰臣觀劉項皆非將將之君當秦之亡也張良本爲韓報讐陳平韓信皆怨楚不用故假漢之勢自爲奮耳至於蕭曹樊灌悉由亡命高祖因之以得天下設使六國之後復立人人各懷其舊則雖有能將將之才豈爲漢用哉臣謂漢得天下由張良借箸之謀蕭何漕輓之功也以此言之韓彭見誅范增不用其事同也臣故謂劉項皆非將將之君太宗

曰光武中興能保全功臣不任以吏事此則善於將將乎竑曰光武雖藉前構易於成功然莽勢不下於項籍寇鄧未越於蕭曹獨能推赤心用柔治保全功臣賢於高祖遠矣以此論將將之道臣謂光武得之孫履恒曰昔之論高光者輒伯高而仲光愚未以爲然由竑言觀之非臆見也太宗保全功臣庶幾同符光武皆可爲萬世法若其喋血禁門則與大封同姓獨居不御酒肉枕席有涕泣涙遠矣或曰

其得天下亦不如高光之正曰固也然討弒父之隋煬則隋文之功臣也

或曰然則盃酒釋兵權之宋祖將勝漢祖歟曰黃袍加身不如誅秦蹙項此一事則過之蓋深曉中畧極之人臣之位裂之膏腴之土悅之珍美之供矣當與光武太宗並驅

太宗曰古者出師命將齋三日授之以鉞曰從此至天將軍制之又授之以斧曰從此至地將軍制之又

推其轂曰進退惟時既行軍中但聞將軍之令不聞
君命朕謂此禮久廢今欲與卿叅定遣將之儀如何
靖曰臣竊謂聖人制作致齋於廟者所以假威於神
也授斧鉞以推其轂者所以委寄以權也今陛下每
有出師必與公卿議論告廟而後遣此則邀以神至
矣每有任將必使之便宜從事此則假以權重矣何
異於致齋推轂耶盡合古禮其義同焉不須叅定上
曰善乃命近臣書此二事以爲後世法

孫履恒曰君之任將也重則將之自任也亦重故受命者昌國登壇者赤幟而僨事者自殺乃喪師失地而囚首下吏彼其人原無英雄氣而又何煩君王拜也故君之命將有曰勿以君命爲重而必死將之報君有曰臣旣受命不敢生還苟念及此將何容易而君可不講於係全然則漢高非特光武太宗下抑亦魏武宋祖下也

太宗曰陰陽術數廢之可乎靖曰不可兵者詭道也

託之以陰陽術數則使貪使愚茲不可廢也太宗曰
卿嘗言天官時日明將不法暗將拘之廢亦宜然靖
曰紂以甲子日亡武王以甲子日興天官時日甲子
一也殷亂周治興亡異焉又宋武帝以往亡日起兵
軍吏以爲不可帝曰我往彼亡果克之由此言之可
廢明矣然而田單爲燕所圍單命一人爲神拜而祠
之神言燕可破單於是以火牛出擊燕大破之此是
兵家詭道天官時日亦猶此也太宗曰田單託神惟

而破燕太公焚蓍龜而滅紂二事相反何也靖曰其機一也或逆而取之或順而行之是也昔太公佐武王至牧野遇雷雨旗鼓毀折散宜生欲卜吉而後行此則因軍中疑懼必假卜以問神焉太公以爲腐草枯骨無足問且以臣伐君豈可再乎然觀散宜生發機於前太公成機於後逆順雖異其理致則同臣前所謂術數不可廢者葢存其機於未萌也及其成功在人事而已矣

孫履恒曰紂以甲子亡甲子自與紂命逆武王以甲子興甲子自與武命順夫豈不論生尅而一日一時天下皆吉天下皆凶乎且時日以起師爲主岐之去亳數千里豈有同日與師者乎操觚家每緣此爲口實姸矣然天官時日每拘乎尋常不驗於豪傑何哉豪傑舉事鬼神猶避其鋭且彼亦自有趨避之妙用焉人自不察耳總之信陰陽則陰陽爲政信人事則人事爲政我往彼亡信人事也

田單之詭道所謂使愚耳周治殷亂勝敗之决非一日矣不疑何卜牧野之師也李淳風之告太宗曰臣竊觀天象其人已在陛下宫中陰陽術數可盡廢乎哉

太宗曰當今將帥惟李勣道宗薛萬徹除道宗與朕親屬外孰堪大用靖曰陛下嘗言勣道宗用兵不大勝亦不大敗萬徹若不大勝即須大敗臣愚思聖言不求大勝亦不大敗者節制之兵也或大勝或大敗

者幸而成功者也故孫武云善戰者立於不敗之地而不失敵之敗也節制在我云爾

孫履恒曰三將或從親征或當一面不知經幾戰矣且問在李勣賜名之後主心自有定評胡然而質之靖耶意試靖之黨不黨耶

太宗曰兩陣相臨欲言不戰安可得乎靖曰昔晉師伐秦交綏而退司馬法曰逐奔不遠縱綏不及臣謂綏者御轡之索也我兵既有節制敵兵亦正行伍豈

敢輕戰哉故有出而交綏退而不逐各防其失敗者也孫武云勿擊堂堂之陣無邀正正之旗若兩陣體均勢等苟一輕肆爲其所乘則或大敗理使然也是故兵有不戰有必戰夫不戰者在我必戰者在敵太宗曰不戰在我何謂也靖曰孫武云我不欲戰者畫地而守之敵不得與我戰者乖其所之也敵有人焉交綏之間未可圖也故曰不戰在我夫必戰在敵者孫武云善動敵者形之敵必從之予之敵必取之以

利動之以本待之敵無人焉則必來戰吾得以乘而破之故曰必戰在敵

孫履恒曰兵至交綏馬首相錯矣雖欲不戰得乎太宗有疑於此故問也想當時秦晉講解欲定未定兩陣交和使者往來禁止故以爲交綏耳勢均力敵奕有和局兵亦有和和陣知幾者分功好勝者多敗晋文退三舍而子玉不止楚莊南轅反旆而彘子更辭致師皆擊堂堂之陣邀正正之旗者也

兩不欲戰者，我不能爭其所之，形之而不從，予之而不取，利之而不動，我何敢戰？亦何能必戰哉？故曰：將之遇敵，有幸有不幸，幸則爭，則從，則取，則動矣。故惟不戰可以在我。如廉頗遇白起，司馬遇諸葛，其能知不足者乎？頗之不足，力不足也；懿之不足，智不足也。

太宗曰：深乎節制之兵！得其法則昌，失其法則亡。卿爲纂述歷代善於節制者，具圖來上，朕當擇其精微垂於後世。靖曰：臣前進黃帝、太公二陣圖并司馬法、諸葛亮奇正之法，此已精悉。歷代名將用其一二成功者亦衆矣，但史官鮮有知兵，不能紀其實迹焉。臣敢不奉詔，當纂述以聞。

孫履恒曰：太宗與靖論有制之兵，已命擇古陣法悉圖以上矣。此又曰卿爲纂述歷代善於節制者具圖來上，豈其徒志與？又何以其語傳其圖不傳？只是欲鋪張已之知兵，而不知其爲後世覬破也。

太宗曰兵法孰爲最深靖曰臣嘗分爲三等使學者當以漸而至焉一曰道二曰天地三曰將法夫道之說至精至微易所謂聰明睿智神武而不殺者是也夫天之說陰陽地之說險易善用兵者能以陰奪陽以險攻易孟子所謂天時地利者是也夫將法之說在乎任人利器三畧所謂得士者昌管子所謂器必堅利者是也太宗曰然吾謂不戰而屈人之兵者上也百戰百勝者中也深溝高壘以自守者下也以是

避諱

較量孫武著書三等皆具焉靖曰觀其文迹其事亦可差別矣若張良范蠡孫武脫然高引不知所往非知道安能爾乎若樂毅管仲諸葛亮戰必勝守必固此非察天時地利安能爾乎其次王猛之保秦謝安之守晋非任將擇才繕完自固安能爾乎故習兵之家必先繇下以及中繇中以及上則漸而深矣不然則垂空言徒記誦無足取也太宗曰道家忌三世爲將者不可妄傳也亦不可不傳也卿其慎之靖再拜

出盡傳其書與李勣

孫臏佰曰靖分三等不出武子五事武言道者令民與上同意而靖引易聰明膚智神武不殺不亦難之難乎然用兵者必須存一不殺之心如坑趙降卒坑秦降卒孽報不遠必逮夫身者也既以天地次道而曰天之說陰陽又何以天官時日爲可廢也地與將法之說與武大同小異此三等者兵家之要也太宗所謂三等者將之次第也至謂孫

下以及中繇中以及上則愚有說焉夫張良范蠡孫武脫然高引誠知道矣春秋可無管仲戰國可無樂毅漢季可無諸葛無仲則夷猾夏而周亡無毅則東西帝而燕亡周亦亡無亮則操遂帝而卯金四十餘年之天下亡三子之肩任視張良之借漢報韓范蠡之沼吳興越孫武之破楚强吳爲天下與爲一國相懸也且就管樂諸葛而論則諸葛之用心獨苦其受顧命也帝曰嗣子可輔則輔之

如其不才君可自取亮曰鞠躬盡瘁死而後已君臣相信何異唐虞以司馬懿之反手魏祚也而寧受巾幗之辱不敢追已死之魂以陳壽抱殺父之恨也而奉命序事不得不曰伊呂之儔故百世之下遐思百世之上有曰讀出師表而不流涕者其人必不忠有曰出師未捷身先死常使英雄淚滿襟有曰天命去劉孔明留之而不足假令張良范蠡孫武生公之後當何如企羨嗚呼其知道耶非

知道耶愚以爲宣尼之後一人而已彼王猛謝安其衙官奴僕也

合觀問對三卷論奇正者八終如射覆序太宗叢問如庸主而自居詔教如師保太宗曰卿爲我擇古陳法悉圖以上矣曰治力之法宜徧告諸將矣曰文能附衆武能威敵矣曰周公以大義滅親灼然無疑矣曰不可妄傳亦不可不傳卿其愼之矣靖曰臣嘗教閱必先此陳矣曰臣奉詔但教諸將

以奇正矣曰臣當以此教諸將矣曰推赤誠存至公矣曰臣敢不奉詔當纂述以聞矣豈當時攀鱗諸將皆出其門而芟除羣雄多用其謀耶則又何以居凌煙第八也葢其用開國之勁師乘頡利之衰弱收陰山之斬獲而欲掩勣之分功欺後世之不見故先伏勣之知兵保勣之忠義而卒曰盡傳其書於李勣夫當是時天下已定矣勣已老矣靖何用傳勣何肯受其假設無疑肺肝盡露矣或謂

其出阮逸家取杜氏通典附益之噫易世之後誰與靖親而爲靖雖黠如是則我見竊人之有爲已有矣未見藏已之名爲人名者也斷是靖筆靖不當與孫吳司馬並傳

袁谷子商隱武經七書卷之四

鬼谷子商隱武經七書卷之五

吳湖孫履恒立父著

[seal]

尉繚子

天官第一

梁惠王問尉繚子曰黄帝刑德可以百勝有之乎尉繚子對曰刑以伐之德以守之非所謂天官時日陰陽向背也黄帝者人事而已矣何者今有城東西攻不能取南北攻不能取四方豈無順時乘之者耶然

不能取者城高池深兵器備具財穀多積豪士一謀者也若城下（低也）池淺守弱則取之矣由是觀之天官時日不若人事也按天官曰背水陣爲絶地向阪陣爲廢軍武王伐紂背濟水向山阪而陣以二萬二千五百人擊紂之億萬而滅商豈紂不得天官之陣哉楚將公子心與齊人戰時有彗星出柄在齊柄所在勝不可擊公子心曰彗星何知以彗鬬者固倒而勝焉明日與齊戰大破之黄帝曰先神先鬼先稽我智謂

之天官人事而已。

孫履恒曰天官人事巳於李靖下卷二條八條微有發明矣所稱今有城東西攻不能取一段即孟氏環而攻之而不勝豈賢智所見畧同歟然可以破愚者之惑難爲曉人道也愚前謂時日以起兵爲主所謂攻城累月必遇天時將罪人日求肆赦必遇上赦而不得赦遂無天官時日乎武之勝紂在人之和不和正與黃帝德守刑伐類背水向山

地利且不論況陰陽向背楚將公子心奪彗星之柄則如富貴者不宜出行而行亦利貧賤者宜出行而行亦不利智愚勇怯異也烏可例論黃帝謂先神先鬼先稽我智非竟置鬼神也我智是主耳陰陽晝夜雌雄對待之物也我實居陽安得不主陽陽實有陰安得不察陰易曰人謀鬼謀百姓與能蓋可以忽乎哉

兵談第二

量土地肥磽而立邑建城稱地以城稱人以人稱粟三相稱則内可以固守外可以戰勝戰勝於外備主於内勝備相應猶合符節無異故也

孫臏曰三相稱則地不至曠人不至饑内可以支國用外可以給軍需故勝備相應武子不云乎地生度度生量量生數數生稱稱生勝此之謂也

治兵者若秘於地若邃於天生於無故開之大不窕小不恢明乎禁舍開塞民流者親之地不治者任之

夫土廣而任則國富民衆而制則國治富治者民不發軔甲不出暴而威制天下故曰兵勝於朝廷不暴甲而勝者主勝也陳而勝者將勝也

孫履恒曰秘於地邃於天生於無寓兵於農藏險於順也如是則有事常若無事大不至輕寃無事常若有事小何待恢張葢威制天下不過富國强兵而已富國强兵不過任廣制衆而已任廣制衆不過禁舍開塞而已明乎此者戰勝在朝廷若暴

甲發兵以爲勝一將之事也禁令也舍縱也開壘也塞荒也

兵起非可以忿也見勝則與不見勝則止

孫履恒曰此與武子主不可以怒而興師將不以愠而致戰合於利而動不合於利而止若出一口然將不可忿卒不可不忿將忿則氣浮而謀淺卒忿則氣盛而勇倍此氣機之辨也

患在百里之内不起一日之師患在千里之内不起

一月之師患在四海之内不起一歲之師、

孫履恒曰此當與作戰兵貴勝不貴久合看或曰談何容易不亦欲速不達乎曰任廣制衆之國處處有備時時教戰假如四海之内命將出師雖在朝廷而徵材具餉在一二千里之内已足撻伐四夷矣况寇賊奸宄乎

將者上不制於天下不制於地中不制於人寬不可激而怒清不可事以財夫心狂耳聾目盲以三悖率

人者難矣。

孫履恒曰心聖智而耳目聰明斯忿常懲而慾常窒不受制於天地人矣非其違天地人也豫順以動天地人如之也天者陰陽時日地者剛柔生死人者君命有所不受使卒若驅羣羊攻敵如同破竹。

兵之所及羊腸亦勝鋸齒亦勝緣山亦勝入谷亦勝方亦勝圓亦勝重者如山如林如江如河輕者如炮

如燔如垣壓之如雲覆之令人聚不得以散散不得以聚左不得以右右不得以左兵如總木弩如羊角人人無不騰陵張膽絕乎疑慮堂堂決而去

孫履恒曰此段不特兵勢洶湧其文章亦如千軍鼓譟萬馬奔騰

制談第三

凡兵制必先定制先定則士不亂士不亂則刑乃明金鼓所指則百人盡鬭陷行亂陣則千夫盡鬭覆軍

殺將則萬人齊刄天下莫能當其戰矣古者士有什伍車有偏列鼓鳴旗麾先登者未嘗非多力國士也先死者未嘗非多力國士也損敵一人而損我百人此資敵而傷我甚焉世將不能禁征役分軍而逃歸或臨戰自北則逃傷甚焉世將不能禁殺人於百步之外者弓矢也殺人於五十步之內者矛戟也將已鼓而士卒相囂拗矢折矛抱戟利後發戰有此數者內自敗也世將不能禁士失什伍車失偏列奇兵捐

將而走大衆亦走世將不能禁夫將能禁此四者則高山陵之深水絶之堅陣犯之不能禁此四者猶亡舟楫絶江河不可得也民非樂死而惡生也號令明法制審故能使之前明賞於前決罰於後是以發能中利動則有功令百人一卒千人一司馬萬人一將以少誅衆以弱誅強試聽臣言其術足使三軍之衆誅一人無失刑父不敢舍子子不敢舍父況國人乎一夫仗劍擊於市萬人無不避之者臣謂非一人之

獨勇萬人皆不有也何則必死與必生固不侔也聽臣之術足使三軍之衆爲一死賊莫敢當其前莫敢隨其後而能獨出獨入獨出獨入者王霸之兵也有提十萬之衆而天下莫當者誰曰桓公也有提七萬之衆而天下莫當者誰曰吳起也有提三萬之衆而天下莫當者誰曰武子也今天下諸國士所率無不及二十萬之衆然不能濟功名者不明乎禁舍開塞也明其制一人勝之則十人亦以勝之也十人勝

之則百千萬人亦以勝之也故曰便我罷用養我武
勇發之如鳥擊如赴千仭之谿今國被患者以重幣
出聘以愛子出質以地界出割得天下助卒名爲十
萬其實不過數萬耳其兵來者無不謂其將曰無爲
人下先戰其實不可得而戰也重吾境内之民無伍
莫能正矣經制十萬之衆而王必能使之衣吾衣食
吾食戰不勝守不固者非吾民之罪内自致也天下
諸國助我戰猶良驥騄駬之駃彼駑馬鬐興角逐何

能紹吾氣哉吾用天下之用以爲用吾制天下之制以爲制修吾號令明吾賞罰使天下非農無所得食非戰無所得爵使民揚臂爭出農戰而天下無敵矣故曰發號出令信行國内民言有可以勝敵者毋許其空言必試其能戰也視人之地而有之分人之民而畜之必能内有其賢者也不能内有其賢而欲有天下必覆軍殺將如此雖戰勝而國益弱得地而國益貧由國中之制弊矣

孫履恒曰農戰禁舍開塞已見兵談二條此又暢言之戰須禁舍農須開塞連下四箇世將不能禁則禁當制矣而戰之所資者餉餉之所出者農欲制兵先制農而倒言之者根本固在下也使三軍之衆爲一死賊莫敢當其前莫敢隨其後即吳子所謂使一死賊伏於曠野千夫追之莫不梟視狼顧也先大夫嘗曰尉繚魏人吳起仕魏武惠繼世看此處議論想其事見谷兼事吳子者乎桓提十

萬吳提七萬武提三萬貴精而不貴多如此何事動須二十萬借助十餘萬有名無實戰不能勝雖勝益弱地不能廣雖廣益貧則禁舍開塞之急亦明矣夫禁舍開塞在脩吾號令明吾賞罰而脩之明之其必明試以功賢於兵者制兵賢於農者制農乎

或曰兵少而勝衆智勇之上也十萬七萬三萬其桓公與武之優劣乎曰桓不可與武例論也當

春秋時周天子衰而未甚天下諸侯秦强未霸晉强多故所不服者楚與戎耳桓公仗義王室是尊賜履征行諸侯執役故其師徒盛具然吳子云齊桓募士五萬以霸諸侯則問楚平戎其本國之師未必如繚所云也孫吳優劣愚嘗別其高引被誅不在此處蓋至戰國而秦之強天下莫當矣向非有五萬之衆何能旗鼓相當出奇制勝若楚則非秦比也吳子嘗料之曰楚性弱其地廣其政騷其

民疲而武子遊其主少國疑大臣未附用三萬之勁收三肆之功然能入而不能成則楚有秦助而吳無濟師也吳越相當蠡種用事敵手出局武子先鳴此孫吳之伎倆

戰威第四

凡兵有以道勝有以威勝有以力勝講武料敵使敵之氣失而師散雖刑全而不爲之用此道勝也審法制明賞罰便器用使民有必戰之心此威勝也破軍

殺將乘闔發機潰衆奪地成功乃返此力勝也王侯知此所以三勝者畢矣

孫臏恒曰兵以道勝吳子云反本復始迂矣講武料敵可謂以謀勝猶未盡道也道者司馬所謂仁義孫武所謂令民與上同意李靖所稱聰明睿智神武不殺湯武任之故無敵於天下五霸假之亦主盟乎中原純任威力雖取之亦不能守暴秦是也夫道可不講乎

夫將之所以戰者民也民之所以戰者氣也氣實則鬭氣奪則走刑未加兵未接而所以奪敵者五一曰廟勝之論二曰受命之論三曰踰垠之論四曰深溝高壘之論五曰舉陳加刑之論此五者先料敵而後動是以擊虛奪之也善用兵者能奪人而不奪於人奪者心之機也令者一衆心也衆不審則數變數變則令雖出衆不信矣故令之之法小過無更小疑無中故上無疑令則衆不二聽動無疑事則衆不二志

未有不信心而能得其力者也未有不得其力而能致其死戰者也

孫履恒曰橐有氣而火烈士有氣而勇决氣聚如風潮氣散如枯朽故曰含生禀血鼓作爭鬭雖死不省氣使然也捕之擒盜氣也虎之食牛亦氣也夫盜之力豈必不如捕牛之力豈必不若虎哉一見而氣失辟易力無所施故孫子三治以治氣爲先吳子四機以氣機爲首聚之柰何上無疑令動

無疑事聚之之法也猶有進此者怒之以激其氣餌之以鼓其氣靜之以定其氣閒之以養其氣威之以專其氣五者僉用無不聚矣若敵無疑令疑事何以散之間之以離其氣擾之以疲其氣固之以阻其氣襲之以喪其氣躁之以奪其氣五者迭發無不散矣聚散之機不可不講也

故國必有禮信親愛之義則可以饑易飽國必有孝慈廉恥之俗則可以死易生古者率民必先禮信而

後爵祿先廉恥而後刑罰先親愛而後律其身

孫履恒曰禮信親愛孝慈廉恥皆道內支節未易言也人有言國而無粟雖堯舜不能有其民父毋不能保其子務農治地其冣先乎

故戰者必本乎率身以厲衆士如心之使四肢也志不厲則士不死節士不死節則衆不戰厲士之道民之生不可不厚也爵列之等死喪之親民之所營不可不顯也必也因民之所生而利之因民之所營而

顯之田祿之實飲食之親鄉里相勸死喪相救兵役相從此民之所勵也使什伍如親戚卒伯如朋友止如堵墻動如風雨車不結轍士不旋踵此本戰之道也

孫履恒曰尉繚所謂率身以勵衆士似進吳子一層然第言厚生顯營而不言所以率身則不越吳之範圍也夫率身者先以禮信親愛孝慈廉恥自勵率身以率士率士以率衆如身使臂臂使指聲

應氣求什伍卒伯如親戚朋友止如堵墻動如風雨即軍爭所謂其疾如風其徐如林侵掠如火不動如山難知如陰動如雷霆者與

地所以養民也城所以守地也戰所以守城也故務耕者民不饑務守者地不危務戰者城不圍三者先王之本務也本務者兵最急故先王專於兵有五焉委積不多則事不行賞祿不厚則民不勸武士不選則衆不強器用不備則力不壯刑賞不中則衆不畏

務此五者靜能守其所固動能成其所欲

孫履恒曰民爲國本戰特其末也然戰以守城城以守地地以養民則末反爲本而務不得不急委積賞祿武士器用總出在土地人民先王所操者刑賞耳刑賞非直在戰以上四事皆少不得賞必當功刑必當罪而委積賞祿出不窮武士器用有實際以戰則勝以守則固此之謂養兵以養民殺人以安人

夫以居攻出則居欲重陳欲堅發欲畢鬬欲齊

孫臏曰凡以居攻出必敵強而我弱者也居重馭輕悉五尺至六十背城借一勝則幸矣一不勝而尚可爲國信不可不重也散地無戰堅甚難言之然不敢非也既欲重欲堅而又欲畢欲齊恐居者不能假如敵有十萬我掃境內而計之不過十萬欲重則以六七萬守矣以四萬之衆而當深入重地之十萬其能堪乎即以二十萬討之以十二

萬爲居而以八萬之散當十萬之重卽畢且齊乎恐爲公孫述之攻吳漢諸葛瞻之戰鄧艾也白起之料趙曰今日之趙臣主一心上下同力挑其軍戰必不肯出圍其國都必不可克攻其列城必不可拔掠其郊野必無所得兵出無功諸侯生心外救必至臣見其害未見其利以此思之以弱禦强當如斯矣我

國家庚戌之變以大以衆以富以安以道而遣胡馬

之藺入則欲重欲堅欲畢欲齊其可乎要之齊固所以收其成也武子虚實云知戰之地知戰之日則可千里而會戰駒支之對范宣曰譬如捕鹿晉人角之諸戎犄之此齊之說也戰而不齊偏受其勁一軍奔則諸軍皆奔矣可不慎與萬全之策何如懸購練銳或前或後或左或右晝夜擾之伏弩炮以防其追未有不遁者也

王國富民霸國富士僅存之國富大夫亡國富倉府

所謂上滿下漏患無所救

孫履恒曰王國富民節用輕徭也霸國富士尊賢尚功也僅存之國富大夫私强公弱也亡國富倉府鹿臺鉅橋瓊林大盈也歛百姓脂膏爲一人朽蠹天怒民怨大盗借資眞命罔罪求爲匹夫不可得試一思之錦衣玉食非不足瓊宫瑶臺非不足踐石皓齒走梁穿雲非不足亦何所用朱提白鏹爲也蓋其前身必棄蔬之鮑焦出哇之陳仲死而

自悔轉而見眞返而極重乎不然何沉迷至是也故曰舉賢任能不時日而事利明法審令不卜筮而獲吉貴功養勞不禱祠而得福又曰天時不如地利地利不如人和聖人所貴人事而已

孫履恒曰人事歸重人和此第一勝着然吳子云先和而後造大事不敢信其私謀必告於祖廟啓於元龜參之天時吉乃後舉則盡人事固不廢天時況地利乎尉繚反覆言人事慮天下後世以天

官牽制畏首畏尾敗乃公事耳夫卜以决疑不疑何卜此定論也

夫勤勞之師將必先已暑不張盖寒不重衣險必下步軍井成而後飲軍食熟而後飯軍壘成而後舍勞佚必以身同之如此師雖久而不老不弊

孫履恒曰能韜厲軍有之此則簡切耳夫身先士卒同其勞苦饑寒師其意焉可也人亦有能有不能必暑不張蓋不幾内熱乎冬不重衣不先股慄

乎。

攻權第五

兵以靜勝國以專勝力分者弱心疑者背夫力弱故進退不豪縱敵不擒將吏士卒動靜一身心既疑背則計決而不動動決而不禁異口虛言將無脩容卒無常試發攻必衂是謂疾陵之兵無足與鬭

將帥心也羣下支節也其心動以誠則支節必力其心動以疑則支節必背夫將不心制卒不節動雖勝

幸勝也非攻權也

孫履恒曰此二段總是一意兵以靜勝穣苴貴信惡疑之説也國以專勝武子我專敵分之説也豈不旨違詞文力分者弱心疑者背則贅矣至謂力弱故進退不豪縱敵不擒不亦贅而又贅乎將吏士卒如心如支如節心動則動心靜則靜將心既疑計必不决决亦臆决也何以動下動則驟動也何能禁止必無幸矣疑之爲害如此惟誠能動物

綫索在手動靜如意支支相應節節相從誠疑之間勝敗之判

夫民無兩畏也畏我侮敵畏敵侮我見侮者敗立威者勝凡將能其道者吏畏其將也吏畏其將者民畏其吏也民畏其吏者敵畏其民也是故知勝敗之道者必先知畏侮之權夫不傷説其心者不我用也不威嚴其心者不我舉也傷在下順威在上立傷故不二威故不犯故善將者傷與威而已

孫履恒曰侮敵之道要使民畏將而不畏敵而民畏之道要使民愛將而不愛身兩者自有先後故立威必先立愛武子不云乎令素行者與衆相得也又曰卒未親附而罰之則不服此立愛之說也司馬法曰若畏太甚則勿殺戮示以顏色告之以所生則威之中而愛行焉故曰嚴父無姑息之子夫父之愛子何如哉

戰不必勝不可以言戰攻不必拔不可以言攻不然

刑賞不足信也信在期前事在未兆故衆已聚不虛散兵已出不徒歸求敵若求亡子擊敵若救溺人

孫履恒曰善奕者子不虛下善射者矢不虛發善戰者衆不虛動蓋其刑賞素信不待期會虛實熟嘗不在當機故靜專動亶求敵若求亡子瞬發息至擊敵若救溺人焉有聚而虛散出而徒歸乎哉

分險者無戰心挑戰者無全氣鬭戰者無勝兵

孫履恒曰分險者守以困人陸抗以破步闡少而

待救也挑戰者嘗以致人孝德以斬龍僊易而無
備也鬭戰者怒而從人晉文以敗子玉勇而無謀
也有一於此相機疾投一着制勝全軍氣奪
凡挾義而戰者貴從我起爭私結怨應不得已怨結
雖起待之貴後故爭必當待之息必當備之
孫履佰曰仗義執言敵氣已失先人有奪人之心
然漢高爲義帝發喪入彭城而敗睢水則舉大義
亦宜小心爭私結怨此兵之貪忿者也不得已而

應之以我詳慎伺彼剛暴彼愈躁而我愈恬則彼愈亂而我愈治矣以治遇亂勝乎不勝乎待之偹之皆善應之策也

兵有勝於朝廷有勝於原野有勝於市井鬬則得服則失幸以不敗此不意彼驚懼而曲勝之也曲勝言非全也非全勝者無權名故明主攻戰之日合鼓合角節以兵刄不求勝而勝也兵有去備徹威而勝者以其有法故也有器用之早定也其應敵也周其總

卒也極故五人而伍十人而什百人而卒千人而率萬人而將已周已極其朝死則朝代暮死則暮代權敵審將而後舉兵

孫履恒曰勝於朝廷較之以計而主有道者也此所謂全勝也勝於原野其田野闢乎勝於市井其人民萃乎此猶是一偏之勝惟明主能以道勝故戰攻之日不過合我鼓角赫然陳師節我兵刃不嗜殺人何嘗有求勝之心而已操勝之全局所以

然者以其法制素立器用素定應敵至周率下詣極未嘗不備故備可去未嘗不威故威可徹什伍千萬朝夕朝代暮夕暮代其一事也而又權敵審將非明者孰能與於斯

故凡集兵千里者旬日百里者一日必集敵境卒聚將至深入其地錯絶其道棲其大城大邑使之登城逼危男女數重各逼地形而攻要塞據一城邑而数道絶從而攻之敵將帥不能信吏卒不能和刑有所

不從者則我敗之矣敵救未至而一城已降津梁未發要塞未修城險未設渠荅（木螳螂鐵蒺藜之類）未張則雖有城無守矣遠堡未入戍客未歸則雖有人無人矣六畜未聚五穀未收財用未斂則雖有資無資矣夫城邑空虛而資盡者我因其虛而攻之法曰獨出獨入敵不接刃而致之此之謂也

孫履恒曰此即兵談所謂患在百里之內不起一日之師患在千里之內不起一月之師言備之豫

而行之速也或曰必集敵境至則至矣速則速矣

恐師行三十里百里而趨利不犯兵法所忌乎據

一城邑而數道絶敵救未至而城已降能使敵有

城無守有人無人有資無資是遵何術尉繚論事

令人神情飛動而究所謂實際何在曰此承明主

已周已極權敵審將來知彼知已我實而敵虛矣

兵之所加有轉石投卵之勢玩一故字可見

守權第六

凡守者進不郭圉退不亭障以禦戰非善者也豪傑英俊堅甲利兵勁弩强矢盡在郭中乃收窖廪毁拆而入保令客氣十百倍而主之氣不半焉敵攻者傷之甚也然而世將弗能知夫守者不失其險者也守法城一丈十人守之工食不與焉出者不守守者不出一而當十十而當百百而當千千而當萬故爲城郭者非特費於民聚土壤也誠爲守也千丈之城則萬人之守池深而廣城堅而厚士民備薪食給弩堅

矢強弓戟稱之此守法也攻者不下十餘萬之衆其有必救之軍者則有必守之城無必救之軍者則無必守之城若彼城堅而救誠則愚夫蠢婦無不蔽城盡資血城者朞年之城守餘於攻者救餘於守者若彼城堅而救不誠則愚夫蠢婦無不守陴而泣下此人之常情也遂發其窖廪救撫則亦不能止矣必鼓其豪傑英俊堅甲利兵勁弩強矢倂於前么麽毁瘠者倂於後十萬之兵頓於城下救必開之守必出之

出據要塞但救其前無絶其糧道中外相應此救而示之不誠示之不誠則倒敵而待之者也後其壯前其老彼敵無前守不得而止矣此守權之謂也

孫臏恒曰戰不廢守守不廢郭圍亭障夫人而知之況世將乎且千丈之城萬人守之而出者不守守者不出是二萬人也又城堅而厚池深而廣薪食弩矢矛戟具備而守餘於攻救餘於守雖有十萬之衆不能下也豈必墨子守宋燕將守聊而後

不拔哉愚謂凡守之難以一孤城而當巨寇張巡之守睢陽趙立之守楚州内資既竭外援又絶此所謂智勇俱困時也非張趙之不守進明光世之不誠也雖然進明叔冀兩御史不相制雖戰不力是唐家設官失宜光世兀术破宋強虜不相敵雖進亦敗則宋室救援不當救之不誠主將各任其咎矣仰籌千載之上奈何昔魏攻趙伐韓趙韓皆足自守孫臏以覇國之餘業最勝之遺事兩走魏

都成解危擒將之功此善之善者也守有餘於攻救有餘於守者也然責進明走范陽責光世抵黃龍則半途而全沒矣雎陽爲江淮保障楚州爲南北襟喉兩鎭一失則堤潰雲翔誰能廻其狂瀾收其布散且兩將軍忠義之魁而英雄之幹棄鎭不可棄將叟不可必嚴旨重購悉附近精兵一檄進明叔冀並救雎陽一檄張俊劉光世並救楚州先進者有重賞後進者有重罰主誠而救誠救誠而

虜退心意之堅可貫金石而況人主之精神不足以感動三軍叱咤胡氛乎或曰虔進明叔冀張俊光世不能了此柰何曰保障襟喉之地宜宿重兵多聚資糧失着在先與其兩失無寧存一地失猶可復亾者不復生羽書慰守將曰將軍自料城郭芻糧器具足支冦賊則爲寡人守之不然且以淹歲月冀圖後功勿以君命至重而必亾今令其將權棄地以待將軍如此則足以鼓忠臣義士之氣

收英俊雄傑之心猶愈於坐而觀溺望而播遷也

蓋奕與兵合有棄子而取勢者是在廟堂相時度勢而行之在將則以死守爲榮生逃爲辱

十二陵第七

威在於不變惠在於因時機在於應事戰在於治氣攻在於意表守在於外飾無過在於度數無困在於豫備慎在於畏小智在於治大除害在於敢斷得衆在於下人悔在於任疑孽在於屠戮偏在於多私不

祥在於惡聞己過不度在於竭民財不明在於受間不實在於輕發固陋在於離賢禍在於好利害在於親小人亡在於無所守危在於無號令

孫履恒曰威在於不變以下十二句陵敵者耶悔在於任疑以下十二句陵於敵者耶威在於不變信賞必罰也惠在於因時期於當厄也機在於應事臨時制變也戰在於治氣朝銳晝惰暮歸也攻在於意表攻必攻謀攻其所必救也守在於外飾

深溝高壘別屯犄角也無過在於度数分塞束伍經卒勒卒也無困在於豫備髭具材用也愼在於畏小能敬則慊也智在於治大不役神於瑣屑也除害在於敢斷不牽制於貴近也得衆在於下人善下若海能爲百谷王也若疑事漫嘗動輙有悔矣屠戮無忌人共戕之矣多私鮮公偏聽生奸矣惡聞已過災必逮身矣失民得民繇財聚散故失度莫大於竭財覆軍擒將必以五間故不明莫大

於受間訛言三至則曾参殺人故不實在於輕發。吐握不勤則忠言不入故固陋在於離賢利與害鄰智者慮雜故禍在於好利巧言亂德利口亂信。故害在於親小人守禮寢伐守險莫過乖知亡在於無所守號別而後不亂令行而後用命而知危在於無號令。

武議第八

凡兵不攻無過之城。不殺無罪之人。夫殺人之父兄。

利人之貨財臣妾人之子女此皆盜也故兵者所以誅暴亂禁不義也兵之所加者農不離其田業賈不離其肆宅士大夫不離其官府由其武議在於一人故兵不血刃而天下親焉

孫履恒曰不攻無過之城不殺無罪之人郎王者之師見其老幼奉歸勿傷雖遇壯者不敵無敵也至農賈士大夫各不離其守則喜其來悲其晚矣又何血刃哉由武議在一人一人者定國之一人

避諱

也將令不及此尉繚亦徒說得好聽未必能行之用兵者能反覆咏玩則長平之四十萬新安之二十萬皆全活矣

萬乘農戰千乘救守百乘事養農戰不外索權救守不外索助事養不外索資夫出不足戰入不足守者治之以市市者所以給戰守也萬乘無千乘之助必有百乘之市

孫履恒曰天子萬乘藏於閭畝但春蒐夏苗秋獮

冬狩而耰鉏即是甲胄無養兵之費無募兵之擾而百萬之師常具自古之政也千乘只是救其與國守其四境不必質子出割以求外助若百乘之國則惟敬謹事大安靜養民别無求取資助庶幾市稅可供戰守乎然亦一時補綴總之禁舍開塞第一義也

凡誅者所以明武也殺一人而三軍震者殺之殺一人而萬人喜者殺之殺之貴大賞之貴小當殺而雖

貴重必殺之是刑上究也賞及牛童馬圉者是賞下流也夫能刑上究賞下流此將之武也

孫履恒曰殺之貴大賞之貴小與太公將威大同然謂雖貴重必殺此祖戮寵姬誅莊賈故事不知勢有行有不行傳有可信有不可信將在軍雖君命有所不受亦不可生殺太專太專則聚謗聚謗則投間抵間則身危郭崇韜之專殺宗弼致監軍宦官之矯詔可鑒也漢高病甚詔陳平斬樊噲平

械噲詣長安眞智有餘哉

故夫人主重將夫將提鼓揮枹臨難決戰接兵角刃鼓之而當則賞功立名鼓之而不當則身死國亡是興亡安危應在桴端奈何無重將也

孫臏恒曰世主亦知重將病在不識將耳識之奈何太公之選將有八證默識而熟察之而又參之大衍筴不得已或曰蓍短龜長何止言筮也曰霽雨蒙驛克之兆彰不若吉凶悔吝无咎之辭決

夫提鼓揮枹接兵角刄君以武事成功者臣以爲非難也古人曰無蒙衝而攻無渠答而守是謂無善之軍視無見聽無聞由國無市也夫市也者百貨之官也市賤賣貴以限士人人食粟一斗馬食粟三斗人有饑色馬有瘠形何也市有所出而官無主也夫提天下之節制而無百貨之官無謂其能戰也

孫履恒曰賦不可加餉不可缺别無神運鬼輸其必賤買貴賣治之以市乎夫市所以疏物之滯握

利之權也周禮地官司市以次序分地而經市以陳肆辨物而平市以政令禁物而均市市法立而泉流用給矣故曰爭名者於朝爭利者於市又曰刺繡文不如朝倚市而況官天府地以權衡萬物者乎

起兵直使甲胄生蟣虱者必爲吾所効用也鷙鳥逐雀有襲人之懷入人之室者非出生也後有憚也孫臏恒曰襲人之懷入人之室雀之所甚懼也而

有時爲之者迫於鷙鳥之逐也鋒鏑在前士卒犯難蹈避將令如避鷙鳥雖然視卒如嬰兒故可與之赴深谿視卒如愛子故可與之俱死則嚴刑峻法使人畏我而不畏敵寧無鞭噬狗策蹄馬之慮乎先後着不可不辨矣

太公望年七十屠牛朝歌賣食孟津過七十餘而主不聽人人謂之狂夫也及遇文王則提三萬之衆一戰而天下定非武議安能此合也故曰良馬有策遠

道可致賢士有合大道可明

孫履恒曰史稱西伯遇太公於渭陽與語大悅曰吾先君太公曰當有聖人適周周以興子眞是耶載以俱歸爲文武師太顚閎夭私於西伯曰呂望漁者爾王何下之甚耶西伯曰夫無爲之德包裹天地有爲之德開物成務軒轅陶唐以有爲之德謁廣成於崆峒叩許由於箕山矧吾之德未進乎軒堯而畢無爲之德乎武王踐祚師尚父道丹書

之言曰敬勝怠者吉怠勝敬者滅義勝欲者從欲勝義者凶凡事不強則枉弗敬則不正枉者滅廢敬者萬世繇此觀之尚父胷中非亶三畧六韜之爲武議而已也如聽武議而大說則文不成文以服事殷非眞服事矣尉繚徒抱二十四策以干世而世不用亦其實用少也乃援太公而悲知遇何其熱褱與且士何論遇不遇哉風后力牧稷契皐夔無加於廣成許由也雖然廣成許由遇而不欲

遇者也彼所謂潛龍君德不肯爲臣者也弗可尚巳若繚師鬼谷何嘗遇哉烟霞異人名垂千古門牆高足權傾七雄視起翦頗牧究武議之長策殫生平之伎倆者何如盍遇固見奇之時不遇正孕靈之會遇則放之彌六合不遇則卷之盈一掬彌六合者一洩而暢快所謂君子樂之巳竟而無餘辟如遊閒公子枕簟美姬並肩成好尚有餘韵否盈一掬者鬱結而成丹所謂不亦悅乎未發而常

在辟如有行道人林壑數椽風月爲伴能自得趣竟無結果否故不遇之士生爲隱逸没爲明神轉爲聖智富貴不得驕貧賤不得附若人亦不得自傲自高自欺自固完性命之自有聽天地之所置寧使天地欠吾不可使吾負天地天地欠吾者才而不遇者也吾負天地者遇而不才者也才而不遇者立於無爲有爲之間聖世之逸民巖穴之帝臣也武議云乎哉

武王伐紂師渡盟津右旄左鉞死士三百戰士三萬紂之陳億萬飛廉惡來身先戟斧陳開百里武王不罷士民兵不血刃而克商誅紂無祥異也人事脩不脩而然也今世將考孤虛占咸池合龜兆觀歲展風雲之變欲以成勝立功臣以爲難

孫履恒曰人事固不可一日緩然策士庭說侯王應有救時急着武王纘累世令緒聲稔惡商辛不可以兵力多寡論也尉繚動稱武王非特曠日持

久世主不能聽抑亦燒屋漂廬剝膚不能待時日卜筮氣色雖不可憑然比權量力地醜德齊相侵伐有能精究此道不愈冥冥從事乎若必脩人事如武王固已戰勝廟堂何用奇謀之士爲

夫將者上不制於天下不制於地中不制於人故兵者凶器也爭者逆德也將者死官也故不得已而用之無天於上無地於下無主於後無敵於前一人之兵如狼如虎如風如雨如雷如霆震震冥冥天下皆

驚

孫履恒曰夫將者上不制於天三句已見兵談第五條矣總是摹寫一種直前莫禦之勢而所以直前莫禦其遲迴顧慮知彼知已計定久矣無天於上陰陽有所不忌無地於下險易有所不拘無主於後君命有所不受無敵於前千萬有所不惴狼虎不足狀其勇其風雨雷霆乎

勝兵似水夫水至柔弱者也然所觸丘陵必爲之崩

無異也性專而觸誠也今以莫邪之利犀兕之堅三軍之衆有所奇正則天下莫當其戰矣故曰舉賢用能不時日而事利明法審令不卜筮而獲吉貴功養勞不禱祠而得福又曰天時不如地利地利不如人和古之聖人謹人事而已

孫履恒曰謹脩人事以仁爲本太和翔洽殺氣全銷此所謂天下至柔馳騁乎天下之至剛者也故曰上善若水豈以奇正較勝負哉

吳起與秦戰舍不平隴畝樸樕蓋之以蔽霜露如此何也不自高人故也乞人之死不索尊竭人之力不責禮故古者介冑之士不拜示人無已煩也煩人而欲乞其死竭其力自古至今未嘗聞矣

孫臏恒曰乞人之死不索尊此趙奢身所奉飯進食者以十數竭人之力不責禮此曹彬不以等威自異引避士夫不名下吏言盛言恭勞謙之君子也天地神人皆將助順以此戰攻何往不利反此

則爲貪忿暴逆戲變害惡皆將射焉將受命之日忘其家張軍宿野忘其親援枹而鼓忘其身

孫履恒曰漸漸緊急則漸漸捐糜蓋常人只爲貪戀二字成了喪家辱親殞身有此三忘則刻刻專精刀刀見血鬼神皆避其鋭所謂必死則生者也

吳起臨戰左右進劒起曰將專主旗鼓爾臨難决疑揮兵指刄此將事也一劒之任非將事也

孫履恒曰旗鼓譬如指臂車欲前則前欲後則後欲左則左欲右則右三軍之主大將之柄雖然劒豈長駕遠禦之䇿以佩君命以威不用命若斯所云則尚方之賜將置之高閣乎抑委之草莽乎尉繚欲重旗鼓而不覺其言之過也

三軍成行一舍而後成三舍三舍之餘如决川源望敵在前因其所長而用之敵白者堊之赤者赭之

孫履恒曰一舍而後成三舍恐敵人猝至三軍亂

行故先成一舍堅固鎮定而次第經營三舍之餘即爲握奇至亦白旆赭亦赤色蓋三舍爲正其餘用奇將以涸敵殲敗敵長也雖然涸之可尅之亦可惟火尅金則以赤尅白惟水尅火則以黑尅赤斯太公律管之微意乎觸類焉可也

或曰三舍固悉正無奇歟曰奇正固不相離三舍之餘奇而奇者也

吳起與秦戰未合一夫不勝其勇前獲雙首而還吳

起立斬之軍吏諫曰此材士也不可斬起曰材則是也非吾令也斬之

孫履恒曰一人進獲首功起猶斬之退而失伍可知已葢勝莫勝於陣定敗莫敗於士囂賞一囂靡不競競則亂行誅一囂靡不圄圄則持滿此吳起之兵所以不可犯也或曰二憾往矣不聞晋誅介子斬樓蘭漢矦其功焉曰二憾不誅晋之所以敗也故武子曰大吏懟而自戰曰崩雖然亦論材與

功之大小耳假如一軍之鋒一徃而斬秦將即不由將令乎起必曰吾意授之非諸君所知也故吳起之斬前獲即韓昭之罪典冠也若夫樓蘭爲匈奴反間數遮殺漢使介子請於大將軍大將軍曰而遣之材偉功奇豈與非令而前獲雙首同年而語哉

將理第九

凡將理官也萬物之主也不私于一人夫能無私于

一人故萬物至而制之萬物至而命之君子不救囚於五步之外雖鉤矢射之弗追也故善審囚之情不待箠楚而囚之情可畢矣笞人之背灼人之脅束人之指而訊囚之情雖國士有不勝其酷而自誣矣今世諺云千金不死百金不刑試聽臣之言行臣之術雖有堯舜之智不能關一言雖有萬金不能用一銖今夫決獄小圄不下十數中圄不下百數大圄不下千數十人聯百人之事百人聯千人之事千人聯萬

人之事所聯之者親戚兄弟也其次婚姻也其次知識故人也是農無不離田業賈無不離肆宅士大夫無不離官府如此關聯良民皆囚之情也兵法曰十萬之師出日費千金今良民十萬而聯于囹圄上不能省臣以爲危也

孫履恒曰將理或失機或奸細或左道一人事發株連十人十人事發株連百人而百而千而萬可知也將足以辨奸燭枉則衆服而國安不然者一

獄之與親戚兄弟婚姻朋友莫不廢業四首而聽將理甚至扳巳之所欲擠坑敵之所欲去而良民善類謀臣勇士僉罹析楊所謂急波無縱鱗風林無寧翼豈不殆哉書曰惟明克允理之本也其次則苞苴不入乎請謁不行乎迅速不留乎平恕不刻乎笞背灼脅束指之刑必得其情而後用乎然當時權總軍民猶不分上下手至於今則軍民分理將吏自護將强則民抑吏强則軍窒此

聖祖所以有軍民約會詞訟之律。

原官第十

官者事之所主爲治之本也。制者職分四民治之分也。貴爵富祿、必稱尊卑之體也。好善罰惡、正此法會計民之具也。均井地節、賦斂取與之度也。程工人備虒用、匠工之功也。分地塞要、殄怪禁淫之事也。守法稽斷、臣下之節也。明法稽驗、主上之操也。明主守、等輕重、臣主之權也。明賞賚、嚴誅責、止奸之術也。審開塞守一道爲政之要也下達上通至聽之聽也知國有無之數用其仂也知彼弱者强之體也知彼動者靜之決也官分文武惟王之二術也俎豆同制天子之會也遊說間諜無自入正議之術也諸侯有謹天子之禮君民繼世承王之命也更號易常違王明德故禮得以伐也官無事治上無慶賞民無訟獄國無商賈何王之至也明舉上達在王垂聽也

孫履恒曰官爲治本即爲政在人之意四民各有

專制之官而爵祿必稱衆官之才討民之具取與之度工匠之功禁淫之事皆有國法臣下守之主上操之權不錯貸奸斯禁止總之審開塞之宜守畫一之道是當官爲政之要不可不通達而知有無强弱動靜皆文武各得其官而惟王兼用其術也至於官無事治則無爲矣上無慶賞則日遷矣民無訟獄則靡爭矣國無商賈則反樸矣此王道之極至未易言也其在知治本乎

正比法會正者法之律比者法之例會者聽其聚訟亦是約會詞訟訐民之具如此其周或曰既云訐民又云禁淫又云止奸何其贅與曰訐民之具從凡民無知犯法者言禁淫之事從游民不務本業者言止奸之術從奇民無忌犯禁者言

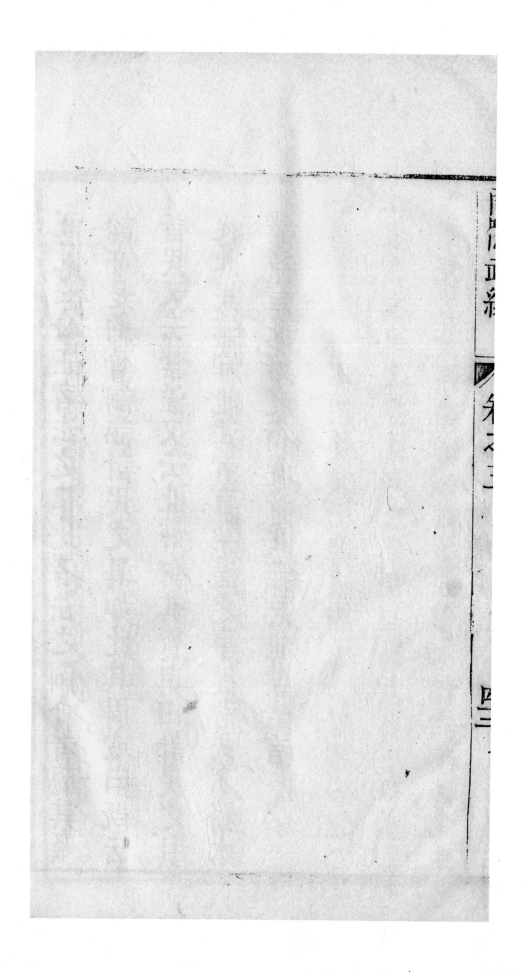

裒谷子商隱武經七書卷之六

吳湖孫履和仲容父著

治本第十一

凡治人者何曰非五穀無以充腹非絲麻無以蓋形故充腹有粒蓋形有縷夫在耘耨妻在機杼民無二事則有儲蓄夫無雕文刻縷之事女無繡飾纂組之作木器液金器腥聖人飲於土食於土埏埴以爲器天下無費今也金木之性不寒而衣繡飾馬牛之性

食草飲水而給菽粟是治失其本而宜設之制也春夏夫出於南畝秋冬女練於布帛則民不困今裋（音樹）褐不蔽形糟糠不充腹失其治也古者土無肥磽人無勤惰古人何得而今人何失耶耕有不終畝織有日斷機而奈何饑寒（猶云怪不得飢寒也）古治之行今治之止也夫所謂治者使民無私也民無私則天下爲一家而無私耕私織共寒其寒共饑其饑如有子十人不加一飯有子一人不損一飯焉有喧呼酗酒以敗善類乎民相輕

佻則欲心興爭奪之患起矣橫生於一夫則民私飯有儲食私用有儲財民一犯禁而拘以刑治烏有以爲人上也善政執其制使民無私爲下不敢私則無爲非者矣反本緣理出乎一道則欲心去爭奪止囹圄空野充粟多安民懷遠外無天下之難内無暴亂之事治之至也蒼蒼之天莫知其極帝王之君誰爲法則往世不可及來世不可待求已者也

孫履恒曰尉繚談兵首重人事此一條人事之本

也人有言一日不再食則饑終歲不製衣則寒又有言就使砂礫化爲南金瓦石變爲和玉使百姓饑無所食寒無所衣雖羲黄之純德唐虞之文明猶不能保於蕭牆之内而爲治者可不加之意乎終日談屯田談救荒談邊餉而有年如懸磬饑歲多轉溝首山呼不應今天下愈甚矣若此者其鼠壯危漏百孔千瘡爲衣食蠹者不可勝數而試就衣食以論則有貧人學富而身穿羅綺者有富人

競靡而錦上加錦者有官長好麗而爭爲承奉者袴也被也帶也履也而繡之絜也而紅之此非特貴富也娼優亦然有衙役菜傭而挾邪登臨者有遊閒豪飲而連宵達旦者有街頭市巷築臺鬬劇廻軒屬目買盆擕蒲挈榼提壺經旬不散者一席也而盛至方丈百肴也而必聚方物常品也而必致異調遂至狼藉沉湎内外無限不徧起佽儺流連替本業富安得不貧貧安得不盜故曰雕文刻

縷傷于農事錦繢綦組害于女紅宮中好高髻城外高一尺楚王好細腰姬人束腹宂務此則失彼上好則下甚故有茅茨土堦之堯而耕食鑿飲不知帝力矣有惡衣菲食之禹而三壤成賦天下太平矣有親耕桑衣弋綈袪文繡之文而海内安寧家給人足矣今

聖天子清心寡欲停織造減玉食甚至一衮彌月不欲其更一餐告飽不求其餘巍巍乎度越漢文左堯

右禹而山林草莽之臣遂有踰衣帛之年而布衣
累數滃在告老之列而惡草不兼味夫既聞且見
之其在爾位可知也德之流行眞走風雲而鞭雷
電哉惜未有以尉繚治本之說進者葢以法制民
難以身制民易從好不從令自古而然一朝三令
五中數年銖積寸累里巷有九水七旱之備軍國
有十年二十年之支款塞卯
闕賞賚有餘射天伐日鞭笞恒足操本持末萬萬無

虞若必曰使民無私則非一朝一夕之故其在
聖主漸磨三十年之後乎

所謂天子者四焉一曰神明二曰垂光三曰洪叙四曰無敵此天子之事也野物不爲犧牲雜學不爲通儒

孫履恒曰天子法天之道行天之令故必神妙陰陽明同日月光被四海之外叙若星辰之列風行草偃雷動甲拆而無逆命然君道總少不得神明

所謂治本也。垂光洪叙。聖人繼世。在位百年者也。人道也。神明無敵。聖人握乾垂統后王者也。天道也。孔子曰惟天爲大。惟堯則之。其智如神。則神矣。欽明克明。則明矣。光被四表。煥乎有文。則垂光矣。九族睦。百姓平。七政齊。九州別。則洪叙矣。天下固無矯命雄行者。無敵不必言也。嗣是重華協帝。三王一道。而不若堯之全也。何也。在位九十八年。其德大。其化濃。其漸磨久。自舜而五臣皆數十年中

明德動天而天賜之者也則舜與五臣之功皆其功也故聖聖相承未若堯也若夫天授神明天下無敵聖人掘起則我
太祖高皇帝乎湯武猶藉侯封
聖祖不階尺土放伐畢竟君臣故漢得天下爲正秦項不過强暴惟　明蕩胡氛爲洪千古一神明千古一無敵其他施爲乃武乃文制作盡美盡善神龍之一鱗原泉之一勺耳或曰堯仁如天仁者無敵

聖祖之無敵。無乃義勝與。曰秉寬之後利用嚴。
聖祖菼鑒勝國廢弛之極也。或曰神明無敵則𤼵光洪
叙。豈遜堯與。曰既巳敦典尊經。光非不𤼵。夫且議
禮制度。叙非不洪。而
聖祖在位。不若堯之久也。而龍與諸佐命。未若舜與五
臣之聖也。菼戡亂之臣。才常勝德。理學之儒。德亦
勝才。其視才德兼全。數聖一時者。所謂唐虞之際。
於斯爲盛。而孰知

聖祖之後有神孫神孫之後又有神孫如今

天子神明光祖悠久無疆其垂光洪敘無斁將弁萃一身天道也亦人道也尉繚又何以曰野物不爲犧牲雜學不爲通儒蓋含未盡之旨曰雜霸不爲天子其必以純王之心行純王之政而後無斁於天下乎

今説者曰百里之海不能飲一夫三尺之泉足止三軍渴臣謂欲生於無度邪生於無禁太上神化其次

因物其下在於無奪民時無損民財夫禁必以武而成賞必以文而成

孫履恒曰此節足宜設之制意重禁必以武而成言貴斷也易所謂利武人之貞是也賞必以文而成言貴舒也記所謂好善如緇衣則爵不瀆而民作愿是也

戰權第十二

兵法者千人而成權萬人而成武權先加人者敵不

力交武先加人者敵無威接故兵貴先勝於此則勝彼矣弗勝於此則弗勝於彼矣凡我往則彼來彼來則我往相爲勝負此戰之理然也夫精誠在乎神明戰權在乎道之所極有者無之無者有之安所信之孫履恒曰權亦不可預設而豫則立不豫則廢爲將者須先觀會通成敗於胸中而一見敵動我即靜決投虛攻心千可當萬而況萬人乎況多多不益善乎不力交雖有力不及交也不威接雖有威

不及接也蓋神速明遍專氣并力能而示之不能用而示之不用近而示之遠遠而示之近微乎微乎至於無形神乎神乎至於無聲此有者無之無者有之之道

先王之所傳聞者任正去詐存其慈順决無留行

孫臏佰曰兵不厭詐正正之旗堂堂之陣不用詐謀奇計惟先王能之雖一團慈祥和順凝結於衷至有罪當决風行霆擊不少須臾不然而姑息養

奸代有殷鑒悔何及哉

故知道者必先圖不知止之敗惡在乎必往有功輕進而求戰敵復圖止我往而敵制勝矣故兵法曰求而從之見而加之主人不敢當而陵之必喪其權凡奪者無氣恐者不可守敗者無人兵無道也意往而不疑則從之奪敵而無前則加之明視而高居則威之兵道極矣

孫履恒曰知足不辱知止不殆老氏之言深於兵

矣嘗觀之奕巳勝矣貪殺不止毎決裂潰敗而不可收拾而兵可知也蓋恃勝而驕驕則寡謀因敗而懼懼則必固以驕凌固敵制其勝我喪其權故曰戰勝易守勝難守勝者知止者也又曰擊其大懼避其小懼夫小懼者圖止而制勝者也大懼者無氣不守而無人者也故兵無定形權無定着逐奔不遠者司馬之常法而從奔勿息者司馬之變局有如敵氣既奪險阻不守智勇離心失道在彼

則從之加之威之登高臨下虜在目中何所不可總之知彼知已在未戰之前而知止不止在決勝之際什有一疑便當知止百不失一乃可長驅此兵道之極至不可先傳

其言無謹倫失其陵犯無節破矣水潰雷擊三軍亂矣必安其危去其患以智決之高之以廊廟之論重之以受命之論鋭之以踰垠之論則敵國可不戰而服

孫履恒曰偷失失字當作矣字蓋曰其言無謹偷矣其凌犯無節破矣水潰雷擊三軍亂矣違下三箇矣字則於文有勢於義無悖凡兵貴密貴定貴靜無謹而偷漏泄敗事無節而破侵越失次潰擊而亂喧囂召傍良翳軍心危疑憂患而起非智者何以决之决之者曉之曰廟算已勝必無危患受命至重欲避不得超山越海賈儞餘勇是所謂安其危去其患而敵國自服矣

重刑令第十三

將自千人以上有戰而北守而降離地逃軍命曰國賊身戮家殘去其籍發其墳墓暴其骨於市男女公於官自百人以上有戰而北守而降離地逃衆命曰軍賊身死家殘男女公於官使民內畏重刑則外輕敵故先王明制度於前重威刑於後刑重則內畏內畏則外堅矣

孫履恒曰尉繚言兵大約嚴刻此一條未爲刻也

千夫長爲一國之望而或北或降或逃故曰國賊即罪人未正典刑而有家當戕有籍當去有墳墓當發有男女當賜有功百夫爲一軍之望罪同千夫刑亦同千夫則衆知偷生害大致死名尊夢寐時凜同儕相戒壁壘常堅此所謂殺一人而三軍震者而欲重威刑先明制度夫豈不教而殺或曰百夫之刑何不及發墳墓曰戮及九泉慘莫大焉田單所以挑燕激衆曰吾懼燕人掘我城外塚墓

可爲寒心燕軍掘燒之齊人望見皆涕泣此可知其慘矣我

太祖遣大將軍徐達副將軍常遇春伐張士誠聞其母塟在姑蘇城外戒將士愼勿侵毀其墓此仁人澤及枯骨亦見戮亾之慘也愚于是有古今升降之感焉伍子鞭屍三百義士以爲太過章子不欺死父威王信其不叛蓋古人視死如生如此乃今則有委父母饑寒疾痛不相干涉者豈知墳墓吉凶

關累世衰毀愚頑自蔽冥漠自逼何也有形氣便有情欲有情欲便有公私一反于天純然誠一存亡死生一皿甚真自然關切無有隔閡故仲尼同事神于事人合知死于知生噫亂臣賊子明有威刑幽有譴責能無懼乎

伍制令第十四

軍中之制五人爲伍伍相保也十人爲什什相保也五十人爲屬屬相保也百人爲閭閭相保也伍有干

令犯禁者揭之免於罪知而弗揭全伍有誅什有干令犯禁者揭之免於罪知而弗揭全什有誅屬有干令犯禁者揭之免於罪知而弗揭全屬有誅閭有干令犯禁者揭之免於罪知而弗揭全閭有誅吏自什長以上至左右將皆相保也有干令犯禁者揭之免於罪知而弗揭者皆與同罪夫什伍相結上下相聯無有不得之姦無有不揭之罪父不得以私其子兄不得以私其弟而況國人聚舍同食烏能以干令相

私者哉。

孫履恒曰伍制雖貴相保立法必分首從概之曰誅就一閭而言一有干犯百人盡誅將無虞逃降乎且曰知而弗揭則憂必以不知貸憎必以知誅是將軍出入人罪之張本也商之如何除本犯外次第議罰或貫耳或鞭笞或減糈則法必行而刑不濫。

分塞令第十五

中軍左右前後軍皆有分地方之以行垣而無通其交往將有分地帥有分地伯有分地皆營其溝域而明其塞令使非百人無得通非其百人而入者伯誅之伯不誅與之同罪軍中縱橫之道百有二十步而立一府柱量人與地柱道相望禁行清道非將吏之符節不得通行采薪芻牧者皆成行伍不成行伍者不得通行吏屬無節士無伍者橫門誅之踰分干地者誅之故內無干令犯禁則外無不獲之奸

孫履恒曰軍中所患者奸細而什伍藏奸皆緣左右前後無分地而有踰次偶語流言摇惑軍心阻喪士氣皆從此起人有分地行必持節非是即誅雖間諜無自而入歌謡無從而煽寇至投袂而起不驚不擾如林如山此細椑之軍也爲將者不可不知雖然將有偏裨步騎分之可也夫帥三軍之卒當時問疾苦通情欲恐未可分地也

東伍令第十六

束伍之令曰五人爲伍共一符收於將吏之所亡伍而得伍當之得伍而不亡有賞亡伍而不得伍身死家殘亡長得長當之得長不亡有賞亡長不得長身死家殘復戰得首長除之亡將得將當之得將不亡有賞亡將不得將坐離地遁逃之罪

孫履恒曰凡戰須伍與長相倚爲命接濟如左右手伍伍皆然死傷必解束伍令洵不可已也亡伍亡長身自應死意者家殘可免乎亡將甚于亡長

故坐離地遁逃之罪。然將之左右前後有近有遠。敵之攻堅斬將從入。有方死箭死炮死鎗死刃。有可救有不可救。原情定罪。殺之不怨。不然。恐不可勝誅也。

誅戰之法曰。什長得誅十人。伯長得誅什長。千人之將得誅伯人之長。萬人之將得誅千人之將。左右將軍得誅萬人之將。大將無不得誅。

孫履恒曰。將者三軍之司命。君操斧鉞而授之。故得專生殺然勞謙君子偏裨有罪猶奏上裁況什伯之長可擅殺乎所謂得誅者必聽將軍之誓耳屬於垣漏泄軍機臨陣退縮激勵士卒悉不及告者耳不可泥也

經卒令第十七

經卒者以經令分之爲三分焉左軍蒼旗卒戴蒼羽右軍白旗卒戴白羽中軍黃旗卒戴黃羽卒有五章前一行蒼章次二行赤章次三行黃章次四行白章

次五行黑章次以經卒亡章者有誅前一五行置章於首次二五行置章於項次三五行置章於胸次四五行置章於腹次五五行置章於腰如此卒無非其吏吏無非其卒見非而不詰見亂而不禁其罪如之鼓行交鬭則前行進爲犯難後行退爲辱衆踰五行而前者有賞踰五行而後者有誅所以知進退先後吏卒之功也故曰鼓之前如雷霆動如風雨莫敢當其前莫敢躡其後言其經也

孫履恒曰：上言分塞士卒各處其地矣，然非經卒何以辨其是伍非伍、是什非什、是伯非伯？惟既經三羽，復經五章，則舉目便知同異，交鬭便識進退，而賞當其功，誅當其辜。噫，棘闈之號，蓋亦祖此。

勒卒令第十八

金鼓鈴旗，四者各有法。鼓之則進，重鼓則擊；金之則止，重金則退。鈴，傳令也。旗，麾之左則左，麾之右則右；奇兵則反是。一鼓一擊而左，一鼓一擊而右，一步一

方亦勝以下言教成之效

鼓步鼓也十步一鼓趨鼓也音不絕騖鼓也商將鼓也角帥鼓也小鼓伯鼓也三鼓同則將帥伯其心一也奇兵則反是鼓失次者有誅喧譁者有誅不聽金鼓鈴旗而動者有誅百人而教戰教成合之千人千人教成合之萬人萬人教成會之於三軍三軍之衆有分有合爲大戰之法教成試之以閱方亦勝圓亦勝錯邪亦勝臨險亦勝敵在山緣而從之敵在淵沒而從之求敵若求亡子從之無疑故能敗敵而制其

此爲要訣

命

孫履恒曰師之耳目視吾金鼓鈴旗耳目熟心志一士卒將吏手足膽力元帥通爲一身有十萬之衆前後左右進退疾徐顧指氣使如長風之驅舟檝千里不留行誰能禦之敵雖知兵不過堅守壁壘若遇石尤而謹繩繫何方圓邪險山淵之窒尼以一教十而百而千而萬而三軍即吳子教戒之法此正兵也若教奇兵則有偃旗息鼓者有左而

右右而左前而後後而前者畫一之令不謂奇矣雖然金鼓鈴旗未熟如無檝無帆無繻之舟一步不可行金鼓鈴旗既熟亦行吾所明毋行吾所疑江河轉折有岐路焉豈曰舟檝帆槳俱勁乘風破浪不知指南縱其所如適燕之越此善喻也

夫蚃決先定若計不先定慮不蚃決則進退不定疑生必敗故正兵貴先奇兵貴後或先或後制敵者也世將不知法者專命而行先擊而勇無不敗者也其

舉有疑而不疑其往有信而不信其致有遲疾而不遲疾是三者戰之累也

孫履恒曰此足上從之無疑意所以從之者計先定而慮蚤决故正兵先出合戰奇兵後出逐北一往之勢如弓持滿從奔之機似矢離弦不然而專命恃勇何異盲子逞兕怯夫可刺瞎馬狂奔寸坎亦蹶故舉事貴疑疑者多算勝少算也利往貴信信者知彼復知已也致人貴中遲疾遲者未得地

利。則未可戰。疾者。已得地利。則不可緩也。違是。必敗。何止三累。

將令第十九

將軍受命。君必先謀於廟。令行於廷。君身以斧鉞授將。曰。左右中軍。皆有分職。若踰分而上請者。死。軍無二令。二令者。誅。留令者。誅。失令者。誅。將軍告曰。出國門之外。期日中。設營表。置轅門。期之。如過時則坐法。將軍入營。即閉門清道。有敢行者。誅。有敢高言者。誅。

有敢不從令者誅。

孫履恒曰：將之令，君之令也；君之令，祖宗之法也。故必先謀於廟，令行於廷，操斧鉞而授之曰：從此上至天，下至淵，將軍制之。而上請而二令而留令而失令，皆制所必誅也。君之授將如此，而將乃得專制於閫外，令行於三軍矣。期日中設營表，過時則坐法，即穰苴仆表决漏之令也；入營清道，誅敢行，即細柳軍中不得馳驟之令也。夫高言則小犯

也。忽斜虎對金主曰小犯則決。大犯則誅。杖乘馬大呼之李德宜矣。若不從令之誅。豈顧問哉

踵軍令第二十

所謂踵軍者。去大軍百里。期於會地。爲三日熟食。前軍而行、爲合戰之表、合表乃起、踵軍享士、使爲之戰勢、是謂趨戰者也、興軍者、前踵軍而行、合表乃起、去大軍一倍其道、去踵軍百里、期於會地、爲六日熟食、使爲戰備、分卒據要害、戰利則追北、按兵而趨之、踵

軍遇有還者誅之。所謂諸將之兵、在四奇之内者勝也、兵有什伍、有分有合、豫爲之職、守要塞關梁而分居之、戰合表起、即皆會也、大軍爲計日之食、起戰具無不及也、令行而起、不如令者有誅、凡稱分塞者、四境之内、當興軍踵軍既行、則四境之民無得行者、奉王之命、授持符節、名爲順職之吏、非順職之吏而行者誅之、戰合表起、順職之吏方行、用以相參、故欲戰者、先安内也、

此淮陰垓下陣法

孫履佰曰凡軍行必分爲三大軍在後輿軍在前鋒也踵軍者前踵輿軍後踵大軍第二行也輿軍去踵軍百里去大軍二百里師行三十里百里持三日糧二百里持六日糧大槩然也凡爲糧多隨大軍或次第轉運非無隨輿軍踵軍者此曰熟食乃三表會戰時鉅鹿所謂持三日糧示士卒必死無一還心也輿軍遇敵戰利則追北不則小却以待踵軍之縱踵軍又或小却以待大軍之乘此卽

三伏也運軍遇有還者卽誅之則大軍遇有運軍之還者其誅之勿問而大將軍之爲大軍誅退者又必有張設矣十萬之師合散則二十萬衆非有空曠大戰場其間必有險阻大軍分爲三三軍又各分爲或二或三或四四奇者左右前後之奇兵也分據要塞關梁合表而起二百里内可使一刻會戰武子所謂知戰之地知戰之日則可千里而會戰敵有二十萬而不能合我有十萬而能合則

合者勝不合者不勝矣能合如何知表者知合者也知烽者知表者也與軍踵軍旣行士農工商俱不得行行者必有符節無符節而行者必誅所以杜漏泄而防奸細內安反側而後可外威敵國毋徒曰王者之師使百姓不離其業各安其居以召內亂

兵教上第二十一

兵之教令分營居陳有非令而進退者加犯教之罪

前行者前行教之後行者後行教之左行者左行教之右行者右行教之教舉（成也）五人其甲首有賞弗教如犯教之罪羅地者自揭其伍伍內互揭之免其罪

孫履恒曰分營之法即分塞令將帥伯各有分地非將吏之符節不得通行之類居隊之法如周禮六步七步六伐七伐司馬長以衛短短以救長立進俯坐進跪之類非教弗成非各禀其教長亦弗成故教成與不教賞罰殊科而不幸教與不揭不

卒僉罰無貸羅地者陳氏云羅列于地而不進戰者夫軍爭之際不進而退者有矣安有不進而羅地者乎愚謂兩軍交綏敵或行餌以亂我軍羅之者不奮擊而競取物也

凡伍臨陳若一人有不進死於敵則教者如犯法者之罪。凡什保什若亡一人而九人不盡死於敵則教者如犯法者之罪。自什以上至於裨將有不若法者則教者如犯法者之罪。

孫履恒曰一人不進死於敵教者如犯法者之罪已難之矣亡一人而欲九人盡死於敵裨將有不若法者則教者如犯法者之罪不難之難乎立法太嚴則變生屢變而復變之至將畏其吏吏畏其卒武子所謂先暴而後畏其衆者不精之至危亡可立待也然則奈何曰將軍信賞必罰士卒赴湯蹈火

凡明刑罰正勸賞必在乎兵教之法將異其旗卒異

其章左軍章左肩右軍章右肩中軍章胸前書其章曰某甲某士前後章各五行尊章置首上其次差降之伍長教其四人以板爲鼓以瓦爲金以竿爲旗擊鼓而進低旗則趨擊金而退麾而左之麾而右之金鼓俱擊而坐伍長教成合之什長什長教成合之卒長卒長教成合之伯長伯長教成合之兵尉兵尉教成合之裨將裨將教成合之大將大將教之陳於中野置大表三百步而一既陳去表百步而決百步而

趨百步而鶩習戰以成其節爲之賞罰自尉吏而下盡有旗戰勝得旗者各視其所得之爵以明賞勸之心戰勝在乎立威立威在乎戮力戮力在乎正罰正罰者所以明賞也令民背國門之限決死生之分教之死而不疑者有以也令守者必固戰者必鬬奸謀不作姦民不語令行無變兵行無猜輕者若霆奮擊若驚舉功別德明如白黑令民從上令如四肢應心也前軍絶行亂陣破堅如潰者有以也此之謂兵教

所以開封疆守社稷除患害成武德也

孫履恒曰始云明刑罰正勸賞乃應之曰正刑罰所以明勸賞見刑罰勸賞如猿臂之伸縮雅音之重輕兩而非兩旗章已見經卒前三分左右中將旗而卒從將色此三分左右中卒章而將識士卒五行即首項胸背腰也蓋既分左右中左右中又各有五行也伍長教其四人未成什伯之教也以板爲鼓以瓦爲金以竿爲旗蓋金鼓旗有數教戰

有時此則平日私演至於伍合之什什合之伯伯合之千千合之萬李靖三等實本于此大將教之陣於中野置大表三百步而一齊一大衆也周禮百步而立一表三表則三百步又五十步爲一表則四表共三百五十步故及表乃止凡四見此言百步而決（開去也）是車徒皆行及表乃止也百步而趨是車驟徒趨及表乃止也百步而鶩是車馳徒走及表乃止也但止於三百步故無第四表豈尉繚少

變周制歟抑大表固在外歟爲之賞罰自尉吏而下盡有旗戰勝得旗各視其所得之爵以明賞勸之心與束伍令亡伍而得伍當之得伍不亡有賞意同賞罰明正如此故民有致死之心而無偷生之慮以守必固以戰必鬭奸宄潛消上下畫一輕兵若霆奮擊若鷙斯兵教成而有賞無罰故單言舉功别德明如白黑身心指臂乃方易使而何軍之治何陣之堅開疆固圉此法行也教可以忽乎

哉。

兵教下第二十二

臣聞人君有必勝之道。故能兼併廣大以一其制度。則威加天下有十二焉。一曰連刑謂同罪保伍也。二曰地禁。謂禁止行道以網外姦也。三曰全車。謂甲首相附三五相同以結其聯也。四曰開塞。謂分地以限各死其職而堅守也。五曰分限。謂左右相禁前後相待垣車爲固以逆以止也。六曰號別。謂前列務進以別其後者不得爭先登不次也七曰五章謂彰明行列始卒不亂也八曰全曲謂曲折相從皆有分部也九曰金鼓謂興有功致有德也十曰陳車謂接連前矛馬冒其目也十一曰死士謂衆軍之中有材智者乘於戰車前後縱横出奇制敵也十二曰力卒謂經其全曲不麾不動也此十二者教成犯令不舍兵弱能强之主卑能尊之令弊能起之民流能親之人衆能治之地大能守之國軍不出於閫組甲不出於櫜

而威服天下矣。

孫履恒曰：兵教上下合來一箇陣圖，若人君必勝之道，則有孫子之一曰道，吳子之以禮以義，司馬之仁本，在此十二者，法也，非道也。就十二論，十一可行，其一不可行，如一曰連刑，即衛鞅之連坐，愚前所云太嚴則變生，不可行也。地禁者，即分塞各有分地，內無干令犯禁，則外無不獲之奸矣。全軍者，左右甲首如輔車相倚也。三五相同，軍術曰就三避五五爲伍三爲生能知三五橫行天下開塞者兵談已言之此謂各伍其職蓋土著畫疆而耕有急死守弗去也分限者左右不得相踰前後不得相離偏箱鹿角一則前拒一則治力也號別以別先後進者進踵者踵風波疊乘無避無凌也五章以彰行列經卒所謂前一五行次二五行之類自始至卒彰明不亂也何謂全曲委曲折旋絲聯繩貫又有條理也何謂金鼓金以止殺致好生之

德也鼓以奮擊與斬獲之功也何謂車陳前矛接連不斷馬目戴冐不驚也死士之用材智參乘或前或後或縱或横賈勇致死也力卒之用經理三軍部曲在將前後左右不麾不動也此教旣成誅其犯令可以强兵尊主起弊親流治衆守大不必推轂遣將暴甲露刃而威服天下若治本所謂無敵則未也

兵有五致爲將忘家踰垠忘親指敵忘身必死則生

悉勝爲下百人被刄㴱行亂陳千人被刄擒敵殺將萬人被刄横行天下

孫履恒曰純臣事君必致其身况受任閫外乎五致只是三志將有三志則敵無堅陣必死者能忘者也悉勝者不善忘者也葢善用兵者軍情愈悉則貪戀都忘貪戀都忘則精神自暇以開暇中密圖廻以圖廻中奮勇往是故百人㴱陣千人擒將而萬人横行天下

武王問太公望曰吾欲少間而極用人之要望對曰賞如山罰如谿太上無過其次補過使人無得私語諸罰而請不罰者死諸賞而請不賞者死

孫履恒曰用人之要在乎賞罰如其人而賞罰之權移于左右關其說如山者人不得而操其重如谿者人不得而探其深賞罰如是干請不行矣干請不行則爲善者勸爲惡者懼而庶人不議矣其於用人也幾乎

伐國必因其變示之財以觀其窮示之弊以觀其病上乖下離若此之類是伐之因也

孫履恒曰委輜重而敵必取者窮也不然則有謀者也示虛弱而敵不攻者病也不然則無謀者也惟示之而知其情窮亦乖離病亦乖離因而伐之篾不勝矣

凡興師必審內外之權以計其去兵有備闕糧食有餘不足避諱較所出入之路然後興師伐亂必能入之地

大而城小者必先收其地城大而地窄者必先攻其城地廣而人寡者則絶其扼地窄而人衆者則築大堙音因以臨之無喪其利無奪其時寬其政夷其業救其弊則足以施天下今戰國相攻大伐有德自伍而兩自兩而師不一其令率俾民心不定徒尚驕侈謀患辨訟吏究其事累且敗也日暮路遠還有挫氣師老將貪爭掠易敗

孫履恒曰行師必審虛實以計去就備與有餘實

也不可擊闕與不足虛也可擊審乎此而又度所從入所從出是故入人之國若無人之境然入之易而有之難地大而城小者芻糧在野當先收其地築堡鑿溝得尺則尺也城大而地窄者蓄積在邑當先攻其城遏救斷糧或圍或闕也地廣而人寡者其衆可降則絶其阨登高臨下塞其救援也地窄而人衆者其民易饑則築大堙以臨之晝擾夜驚坐困孤窮也相機度勢因利乘便勝在掌内

虜在目中而禁劫奪之事行寬平之政救煩苛之弊斯亦攻其國變其民有全勝無覆敗矣如戰國之攻伐則大凌小強兼弱令出多門吏訊聚訟其始累人到底自累雖勝亦敗況未必勝乎日暮路遠四句言大凡行軍之忌在我宜戒在敵可擊

凡將輕壘卑衆動可攻也將重壘高衆懼可圍也凡圍必開其小利使漸夷弱則節吝有不食者矣衆夜擊者驚也衆避事者離也待人之救期戰而蹙皆心

失而傷氣也傷氣敗軍曲謀敗國

孫履恒曰將輕壘卑衆動攻之無疑矣將重壘高衆自不懼或佯懼恐未可圖也安靜則彊凌夷則弱開示以小利則衆共取之必至夷弱因衆有所取而將或節吝則取者飽矣不得取者能無饑乎饑者思叛是以利之之道害之也衆夜擊者驚也卽武子所謂夜呼者恐也調遣不從懸購不應士卒解體矣待救不至期戰窮蹙心失傷氣矣能

無敗乎詢謀僉同慮泄而偏聽敗有甚於傷氣者

兵令上第二十三

兵者凶器也爭者逆德也事必有本故王者伐暴亂本仁義焉戰國則以立威抗敵相圖而不能廢兵也

孫履恒曰兵凶爭逆必不得已而行之本之以仁行之以義義者天子之義所以誅暴禁亂匪是則應所以守宗廟社稷匪是則貪是戰國之兵也兵而貪其本先撥其末立稿故六國亡而暴秦亦亡

殺氣薰蒸生道斲削人被其殃自受其罰天之報施纖毫不爽而況亂臣賊子陡起戈楯寧免誅夷兵者以武爲植以文爲種武爲表文爲裏能審此二者知勝負矣文所以視利害辨安危武所以犯强敵力攻守也

孫履恒曰戰國之時武勝於文一統之後文勝於武蓋戰國之卿大夫即是將帥無事則冠冕有事則介冑人習騎射家履行陣故曰武勝然武勝則

競不特七國日尋干戈即一國而上下不和大小不恊故尉繚有植種表裏之論葢知所重也自天下一統而文武分爲二科文武分科而聰明流于片楮漢晋唐宋姑置勿論請論今日上以文章取士而士以文應制

祖宗時有聘召而隱逸弘羅明經兼有論策而伎倆畢現迨今而聘召已矣惟有經術立法雖重行法者久而漸輕程式非誣射策者習而不典剽竊續藻

摭拾故實所問在此所對在彼影響之詞夢寐之語往往入彀誰有眞學問眞經濟發揮於一論五策之間而猶未也謂朱註之腐而別開宗旨不淪於空寂乎謂詞達之淺而強爲深晦不顯於隱語乎而猶未也以篛葉之賤而飾之以爲鞶帶則縉紳而塵飯矣以麻紙之脆而藉之以爲盔甲則武夫而象人矣而猶未也莫重於誥勑而口代天言者以朱提之腆不腆爲濃淡莫貴于元服而喜新

好異者以纓冠之逸不逸爲晋唐莫大于送死而不知寧戚者以丹旐之繁華北邙之隆崇爲悅心葢禮樂文章人心風俗至于今披靡已極愚以爲文勝而弱弱甚而黨矣何也惟弱則中無主而外藉援惟弱則正氣消而客氣長故議論日盛而功業日衰功業日衰而道德日病至功業道德兩無所取而焉用文之故知武而不知文誰與視利害辨安危所謂馬上得之馬上失之知文而不知武

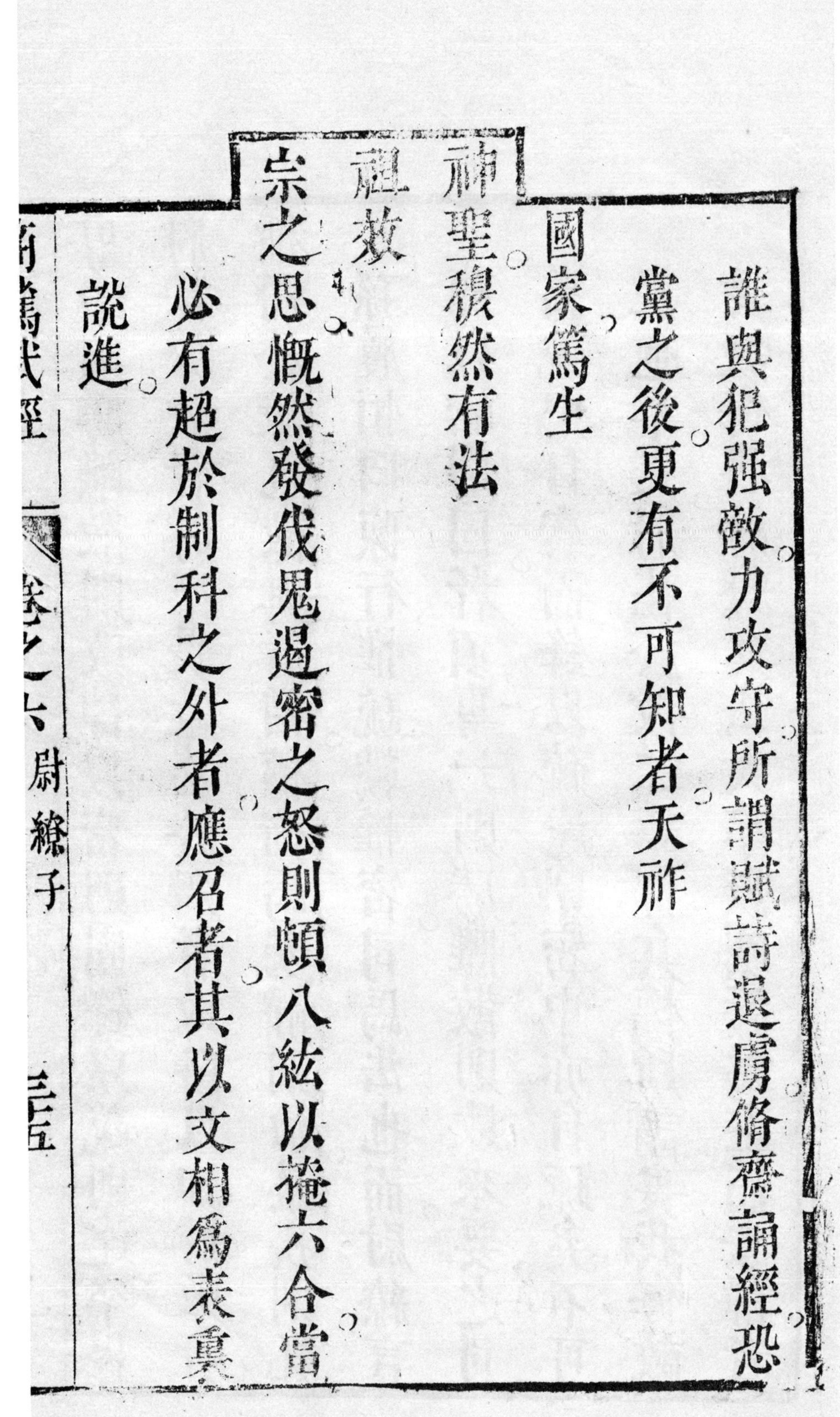

誰與犯強敵力攻守所謂賦詩退虜脩齋誦經恐黨之後更有不可知者天祚

國家篤生

神聖穆然有法

祖敉

宗之思慨然發伐罷遏密之怒則頓八紘以掩六合當必有超於制科之外者應召者其以文相爲表裏

説進

專一則勝離散則敗陳以密則固鋒以疏則達卒畏將甚於敵者勝卒畏敵甚於將者敗所以知勝敗者稱將於敵也敵與將猶權衡焉安靜則治暴疾則亂

孫履恒曰陳行惟疏戰惟密司馬法也而尉繚言陳以密則固者頁專一則勝離散則敗來要之司馬疏中自密而鋒以疏達則密中亦自疏矣不可泥也卒畏將甚於敵二語即兵權所謂畏我侮敵畏敵侮我尉繚兵法大率以威嚴爲主而安靜者

持重持重者威嚴然則權衡主敵孰安靜孰暴疾而勝敗决矣

出卒陳兵有常令行伍疏數有常法先後之次有適宜常令者非追北襲邑攸用也前後不次則失也亂先後斬之

孫履恒曰常令常法正兵所用若追北襲邑則雖百里趨利六月行師有所不顧况逐北縱綏金鼓旌旗拘拘常調哉若先後次序則正固常奇亦常

亂者斬之百將不易

常陳皆向敵有內向有外向有立陣有坐陣夫內向所以顧中也外向所以備外也立陣所以行也坐陣所以止也立坐之陣相參進止將在其中坐之兵劍斧立之兵戟弩將亦居中

孫臏曰結陣向敵其常也非無內向以顧中者總之亦外向也立陣進擊動如雷霆坐陣治力難知如陰將居中央四面八方行止應令戟弩劍斧

長短勃發陣思過半矣

善御敵者正兵先合而後扼之此必勝之道也陳之斧鉞飾之旗章有功必賞犯令必死存亡死生在枹之端雖天下有善兵者莫能禦此矣

孫履恒曰正兵先合而後扼之此武子兵以正合以奇勝之詭也然扼之術多端總不出太公所謂詭伏設奇遠張誑誘吳子所謂避之於易邀之於阨而陳之斧鉞使士卒畏我而不畏敵飾之旗章

使卒無非其吏吏無非其卒有功必賞犯令必死使諸罰無敢請不罰諸賞無敢請不賞死生存亡在枹之端使一鼓一擊而左一鼓一擊而右靡不四肢應心此善之善者也故曰善兵者莫能禦此矢射未交長刃未接前譟者謂之虛後譟者謂之實不譟者謂之秘虛實秘者兵之體也

孫履恒曰先譟者謂之虛先聲以奪人之氣也後譟者謂之實致哷而從之也不譟者謂之秘神乎

神乎至於無聲也。

兵令下第二十四

諸去大軍爲前禦之備者，邊縣列候，各相去三五里。聞大軍爲前禦之備，戰則皆禁行，所以安内也。

孫履恒曰：兵機神速，全賴列候。列候者，分列斥候，或三里，或五里，偵知敵情。邊縣候起，衆候星流，大軍嚴備，而廟堂亦有戒心矣。禁行安内，已見踵軍卒章。

內卒出戍令將吏授旗鼓戈甲發日後將吏及出縣封界者以坐後戍法兵戍邊一歲遂亡不使代者法比亡軍父母妻子知之與同罪弗知赦之卒後將吏而至大將所一日父母妻子盡同罪卒逃歸至家日父母妻子弗捕執及不言亦同罪諸戰而亡其將吏者及將吏棄卒獨北者盡斬之前吏棄其卒而北後吏能斬之而奪其卒者賞軍無功者戍三歲三軍大戰若大將死而從吏五百人以上不能死敵者斬大

將左右近卒在陳中者皆斬餘士卒有軍功者奪一級無軍功者戍三歲戰亡伍人及伍人戰死不得其屍同伍盡奪其功得其屍罪皆赦軍之利害在國之名實今名在官而實在家官不得其實家不得其名聚卒爲軍有空名而無實外不足以禦敵内不足以守國此軍之所以不給將之所以奪威也臣以謂卒逃歸者同舍伍人及吏罰入糧爲饒名爲軍實是有一軍之名而有二實之出國内空虚自竭民歲曷以

免奔北之禍乎令以法止逃歸禁亡軍是兵之一勝也什伍相聯及戰鬭則吏卒相救是兵之二勝也將能立威卒能制節號令明信攻守皆得是兵之三勝也臣聞古之善用兵者能殺士卒之半其次殺其十三其下殺其十一能殺其半者威加海内殺十三者力加諸侯殺十一者令行士卒故曰百萬之衆不用命不如萬人之鬭也萬人之鬭不用命不如百人之奮也賞如日月信如四時令如斧鉞制如干將士卒

不用命者未之聞也

孫履恒曰內卒更番出戍勞逸相代夷險無辭老弱自退軍政之善者也我國初亦行之而後停止者緣沿途驛騷在鎮驕悍有警不用命失亡恐稽查外內稱不便故也愚以爲假如三萬出戍分東西北三面是一面一萬也除冬夏不征行春秋二季每月三起三三爲九分萬而九是一千一百一人也而什伯之長又次第啟

行法令嚴重何驛騷之有以京之叅遊屬邊之都護以京之驍勇隷邊之叅遊而一如分塞非將吏之符節不得通行則沙中之語首山之呼皆無從起何驕悍之有邊塞禦虜以守爲常以戰爲暫什一備守什七備戰退者家丁守者京卒必驍中之驍勇中之勇自願一當單于乃與俱進何軍之不用命何將之畏稽查不奉

祖制大悖尉法矣發日後將吏至將吏棄卒獨北者盡

斬之玉則及無功戍三歲皆可行也前吏棄其卒而北固當斬矣若賞後吏能斬之而奪其卒不亦胡越起于同舟而攻讎托言斬北乎大將戰死須論衆因若龐統之衆流矢張郃之衆伏弩何與于從吏近卒而斬之即如騎刼粟腹而又斬從吏近卒是爲敗將誅勁兵爲敵人增斬首也且此五百人及左右近卒以必衆降敵則敵益強而國益敝矣大將自衆吏卒自有功而復奪一級可乎無軍

功而成三歲戰亡伍人不得屍奪同伍功得屍皆赦可也名實之論極軍情之弊罰同舍伍人與吏得處置迯歸軍實止逃禁亡戰守兩足豈非一勝相聯相救千萬一心豈非二勝將如此則威卒如此則制重以明信豈非三勝尉之瑕瑜自不相掩然斬從吏近卒在事後者也至殺士卒之半等語則在事前者也盡敵之力不能殺士卒之半而先爲敵自殺不亦要紕謬於殺從吏近卒乎其不用

於魏。非魏不用也。不可用也。至謂十萬之衆不用命。不如萬人之鬬。則鑿鑿名言。所以至今不可滅没。

或曰楊素每將臨陣必求人過失而斬之、多至百餘人、血流盈前、言笑自若、及其對陣、先令一二百人赴敵不能陷陣而還者悉斬之更令二三百人復進、還亦如之、及討漢王留三百人守營、軍士憚北軍之彊、多願守營、素聞之、即召所留三百人悉